À dire
vrai

Dépôt légal : juin 2022
ISBN : 9798837294716
Couverture et mise en page : Rodolphe Latreyte

À DIRE VRAI

MARCEL LAURENT
Fondateur de la GLCS - Grande Loge des Cultures et de la Spiritualité

À DIRE VRAI

Sans me connaître, certains m'ont inventé beaucoup de vies.
Voici la vraie.
Je n'arracherai aucune page du livre de cette vie-là.
Les pages que j'ai tournées sont les leçons que j'ai apprises.

M.L.

Rendre à la vie
un peu de ce qu'elle m'a donné

C'est dans l'avion, en 1979, en allant à Saint-Martin, au nord de la Guadeloupe, que pour la première fois l'idée m'est venue de retracer ma vie avec des mots. Mais il n'y a pas eu de suite. Très vite j'ai eu conscience qu'il s'agissait pour moi de régler des comptes, de mettre de l'ordre dans mes sentiments et dans mes souvenirs, en fait ma démarche était plus proche d'un certain esprit analytique que de tout autre chose. Le temps a fait son œuvre, mon existence a bien changé, ma nouvelle épouse Christine m'a offert vingt ans de réel bonheur, et la vie m'a donné la plus grande, la plus belle chose qu'un être humain puisse recevoir : l'amour de ma femme et les cinq enfants d'une famille recomposée, puisque Christine avait Bianca et Adrien, et moi Leslie, Jennifer et Nelson...

Oui, dans l'ordre des naissances, Leslie, Jennifer, Nelson, le plus beau cadeau pour un homme, trois enfants, et deux en prime par Christine... Ma vie en fut bouleversée, ils m'ont apporté tellement de joies, et surtout une raison de plus d'exister. Je plains de tout mon cœur les couples qui auront passé leur vie sans connaître la joie d'avoir un enfant qui s'élance dans leurs bras, le soir, en rentrant d'une rude journée. Ce sont des moments sacrés, indescriptibles que mes enfants m'ont donné, tous les trois, puis tous les cinq, chaque soir.

Et comme je suis gourmand, j'avoue que le câlin du matin m'est tout aussi précieux. Quel bonheur, quand on est à l'autre bout du monde, de s'entendre dire : Bonjour Papa ! N'oublie pas, je t'aime ! Connaissez-vous cette chanson : *Quand on est riche d'être père ?* Elle est magnifique...

Si j'ai envie de raconter mon parcours, c'est peut-être aussi pour être mieux compris, pour expliquer pourquoi je voyageais, pour me faire pardonner une vie familiale à éclipses. C'est vrai, j'étais sans cesse en voyage, je n'ai fait que partir. J'ai consacré trop de temps à réaliser des choses compliquées, mon parcours n'a pas été tout à fait ordinaire, je suis presque toujours sorti des sentiers battus, mais grâce à ça j'ai fait de nombreuses découvertes et j'ai vécu des évènements exceptionnels que je souhaite partager.

Aujourd'hui je me suis décidé à offrir ce témoignage à mon épouse bien-aimée Christine qui a su donner sens à ma vie de globe-trotter – un jour on rencontre une personne et elle devient notre plus belle histoire –, à nos enfants et petits-enfants pour qu'ils me connaissent, à mes Frères et mes Sœurs de la Grande Loge des Cultures et de la Spiritualité, mais aussi aux lecteurs de hasard, profanes ou non, qui ouvriront ce livre. Je le fais le plus simplement possible, avec ma sincérité comme seul argument. Je n'écris pas pour être éventuellement considéré, mais afin de partager mon jardin intime avec ceux qui souhaitent mieux me connaître.

À dire vrai, j'ai eu beaucoup de chance. La vie m'a tellement aimé ! Je ne lui ai rendu qu'une trop petite part de ce qu'elle m'a donné. En livrant ce témoignage j'espère redonner espoir à ceux qui souffrent et doutent, seuls face à leurs problèmes ; j'aimerais leur faire voir, comme pour moi, combien la vie est belle et à quel point la foi peut multiplier nos forces et nous permettre de sortir de situations que nous pensions désespérées. Nous n'avons pas le droit de douter : être négatif c'est s'attacher un boulet à chaque pied. Le Maître du destin, baptisé par quelques-uns d'entre nous *Grand Architecte de l'Univers*, m'a fait naître dans une famille modeste, mais aimante ; j'ai pu revenir, abîmé moralement mais vivant, de la Guerre d'Algérie ; affronter des épreuves financières que l'on appelle revers de fortune ; surmonter divers cancers et plusieurs opérations chirurgicales... Mais il m'a donné aussi des enfants et des petits enfants et, pour finir, une femme exceptionnelle, merveilleuse, Christine – c'est en 2000 que nous nous sommes rencontrés, lors du dîner annuel organisé par la Délégation de la Polynésie française à Paris, où elle était en charge de la promotion des îles auprès des agents de voyage de toute l'Europe, et moi en charge des investissements, j'avais immédiatement flashé, ce qui n'était pas le cas pour elle ! En disant cela, je ne peux m'empêcher d'approuver la phrase de Paolo Coelho : *Les rencontres les plus importantes ont été préparées par les Âmes, avant même que les corps ne se voient.* Oui, Christine et moi ce fut et ça demeure une belle rencontre. Rien de la façon dont mon existence s'est déroulée ne pouvait laisser entrevoir tant de surprises. De nombreux visages défilent de mémoire dans ma tête, en particulier ceux de tant de Sœurs et de Frères exerçant l'Art Royal au sein de la Grande Loge des Cultures et de la Spiritualité que j'ai fondée en 2003, ou dans d'autres obédiences amies, rencontrées et connues au cours de mes quarante-trois ans de franc-maçonnerie. Mon parcours initiatique...

Non, rien de la façon dont mon existence s'est organisée ne pouvait laisser présager semblable épopée. Il est vrai que je ne pensais pas vraiment en faire un ouvrage autobiographique ! En réalité il a fallu la détermination de plusieurs Frères pour me convaincre que livrer la trame de mon parcours pouvait intéresser.

Si l'homme n'a pas le pouvoir de modeler le monde à sa convenance, il a du moins celui de tailler des verres qui lui permettent de le faire apparaître à peu près comme il veut – aurait dit Spinoza.

CHAPITRE 1

Né pendant l'Occupation
dans une famille aimante,
mais éprouvée par la guerre

Je ne suis pas né au temps des dinosaures, comme ma fille Leslie me l'a demandé quand elle avait cinq ans, et pas davantage au temps des Gaulois ou de Napoléon, mais un peu après, en août 1942, en pleine guerre, et ma mère m'a toujours raconté qu'il faisait très chaud cette année-là, c'est peut-être pour ça que j'ai toujours eu une forte attirance pour les pays chauds et une nette préférence pour les places près du radiateur à l'école. Elle disait aussi que pendant que je venais au monde un bombardement détruisait un immeuble de la rue Nationale, à cent mètres de la chambre où officiait la sage-femme ! Quelques mois plus tard, notre mère était avec deux enfants dans les bras sur les routes pour fuir l'occupant et nous abriter dans une ferme au sud de la Loire.

J'ai fait partie d'une famille soudée par les douloureuses épreuves de la guerre, du deuil, comme le furent la majorité de celles d'après-guerre. J'étais le deuxième d'une fratrie de quatre enfants, de parents ouvriers, d'un milieu social modeste. Mon père avait été frappé par la mort de son frère, tué par les Allemands à quelques jours de la Libération, à tel point que sa vie fut brisée par ce chagrin. Il est d'ailleurs décédé à l'âge de cinquante-deux ans, intoxiqué par le tabac gris qu'il consommait au-delà de toute raison. Il le fumait roulé en cigarette, ou tassé dans des pipes sans nombre, passant de l'une à l'autre pour oublier. D'ailleurs les photos de mon père sont toujours assorties de volutes de fumée, jamais je n'ai vu un cliché de lui sans une pipe ou une cigarette !

C'était un homme assez grand pour l'époque, un mètre soixante-quinze, mais pour à peine soixante kilos, et ses cheveux gris, ses sourcils toujours froncés lui donnaient un air sévère. Ouvrier hors pair, c'était un spécialiste reconnu dans l'art de l'ardoise et du façonnage du zinc, pour refaire les clochers ainsi que tous les types de toitures, souvent classées monuments historiques, des châteaux de la vallée de l'Oise. En fait il travaillait pour sa mère, Marthe, grande elle aussi, le visage émacié, les cheveux tournés en chignon sous un grand chapeau, et toujours un sac à main en cuir noir au bras qui ne la quittait jamais. «La patronne», comme mon père l'appelait lui-même, profitait de son désarroi moral, contrôlant tout avec un égoïsme au-delà de l'imaginable. Égoïsme qui l'avait même conduite à refuser de mettre la petite entreprise au nom de ses enfants en ce moment de la guerre où mon oncle était menacé de réquisition par le gouvernement de Vichy, donc de déportation pour le Service du Travail Obligatoire (STO). Si elle l'avait alors déclaré comme gérant de l'entreprise, il aurait pu échapper au STO et n'aurait donc pas été pour ainsi dire contraint de s'engager dans l'un des maquis de la Résistance, pour être tué comme je l'ai dit à deux jours de la Libération. Pour notre famille ce fut un drame, un drame qui a habité toute notre vie. Et c'est bien dans cette ambiance de souvenirs de guerre et de travail que j'ai été élevé.

À part ça, j'ai traversé une jeunesse sans histoire dans une petite ville de la banlieue nord, Beaumont-sur-Oise, bordée par l'Oise et la forêt de Carnelle. J'ai le souvenir d'une vie modeste, mais d'une famille très unie, aimante comme je l'ai dit. S'il manquait un enfant autour de la table, ma mère perdait l'appétit, elle nous couvait de son amour. Mon père était moins démonstratif, mais tout aussi sensible. À cette époque, on ne montrait pas ses sentiments comme aujourd'hui. Nous étions quatre enfants tous bien différents. Mon frère aîné, dès son plus jeune âge, a voulu être pâtissier-cuisinier, il l'est devenu dès l'âge de 13 ans puis il est parti en Guinée à 22 ans et à 30 ans aux États-Unis où il est décédé. Ma sœur, elle, a séjourné au Canada, mais sachant que notre mère ne supportait pas son absence elle est revenue pour partager son travail au magasin d'articles de cadeaux, porcelaine et cristaux, pendant près de dix ans. Mon plus jeune frère, quant à lui, se prenait pour l'intellectuel de la famille, pour le professeur. Comme bien des petits derniers, il a éprouvé la nécessité de faire des études plus longues que ses aînés pour s'imposer. Toutefois, ne s'étant pas réveillé le jour du Bac, il a dû faire deux années de capacité en droit ! Ce n'était pas la peine, nous l'adorions tel qu'il était, mais il a pris la grosse tête, ce qui a immanquablement entraîné des problèmes. Ma mère en a été très affectée toute sa vie.

Et moi, pour dire la vérité, jusqu'à l'âge de quatorze ans j'ai été suivi par les études plus que ne les ai suivies ! Mais, grâce à la patience et aux coups de règle que m'accordait généreusement mon instituteur, Monsieur Couderc, un homme exceptionnel, j'ai obtenu brillamment mon certificat d'études. J'aurais aimé avoir la capacité de lui adresser une lettre aussi belle que celle qu'Albert Camus avait écrite en son temps à son instituteur... Mais je n'étais pas un bon élève, j'étais plutôt du genre turbulent, toujours prêt à faire une blague pour amuser la galerie, comme disait mon père.

Il faut dire à ma décharge que mon père trouvait toujours le moyen d'occuper mon temps. Pour lui, en rentrant de l'école, je n'avais rien d'autre à faire que de me rendre utile, par exemple de couper du bois pour l'hiver, nous avions un poêle à bois et charbon dans la cuisine qui chauffait toute la maison. La coupe de bois l'été était pour la réserve. Ou alors il fallait que je nettoie ses outils. Il ne supportait pas de me voir oisif, si bien que souvent les devoirs passaient après...

Enfant, sinon, je jouais comme tous ceux de mon âge dans la rue avec mes copains. Souvent j'attendais ma grand-mère maternelle, Germaine de son petit nom, qui travaillait comme vendeuse à la boulangerie. Elle était très gentille, la bonté même, et partageait son salaire avec mes parents pour les aider. Je l'accompagnais chez elle à une centaine de mètres de chez nous, m'arrêtais à la ferme dans la même rue, où je récupérais les deux litres de lait quotidiens pour la famille. Ensuite j'en profitais pour voir les copines. Il y en avait une sur le chemin que j'affectionnais particulièrement, Francette, et toutes les occasions étaient bonnes pour s'amuser ou, ensemble, cueillir les cerises dans le jardin de madame Roussel, une amie de la famille, moment d'insouciance inoubliable. J'adore toujours les cerises, est-ce en souvenir de cette époque ?

Chaque automne, j'accompagnais mon père pour ramasser des châtaignes, chercher des morilles, et cueillir des violettes au printemps, chacun constituait son bouquet pour offrir à ma mère. Nous lui ramenions chaque fois notre butin, et elle s'appliquait à faire les châtaignes en purée ou grillées directement sur le poêle, et une belle omelette aux morilles, la récolte était rarement généreuse, mais suffisante pour bien parfumer.

Il faut avouer que je n'ai jamais été très calme, ma mère répétait toujours que dès que j'ai commencé à marcher, soit je dormais, soit je cassais tout. En vérité je tenais difficilement en place, j'avais un besoin constant d'activités. Au moins, pendant que j'étais avec mon père sur les chantiers, en forêt ou avec le doyen de la paroisse pour servir la messe, elle avait la paix !

Comme quatre-vingt-quinze pour cent des familles françaises à l'époque, nous avons des racines chrétiennes, et donc, enfant de chœur dès l'âge de cinq ans, le dimanche matin je servais la messe, dans l'église Saint-Laurent – ça ne s'invente pas ! D'architecture gothique, l'église en question était d'une grande élégance avec ses chapiteaux et ses grandes arcades. Je l'ai toujours trouvée très belle, et à juste titre. J'étais toujours volontaire pour servir aux cérémonies de baptême, de mariage ou d'enterrement, ainsi qu'aux messes du dimanche et souvent à celle de sept heures en semaine. Les familles étaient généralement généreuses pour les enfants de chœur, ce qui me permettait d'avoir par ce biais-là un peu d'argent de poche, que je dépensais très vite en bonbons dans une petite boutique qui s'appelait Au Bonheur des Enfants puis, un peu plus tard, en cigarettes que nous fumions en cachette derrière l'église, comme tous les gamins de notre âge à cette époque. Le doyen qui dirigeait la paroisse s'appelait Dussurget, un homme bon, plutôt enveloppé, solide et autoritaire dans sa soutane lustrée par le temps. Nous marchions tous à la baguette et le respections sans broncher. Néanmoins il nous est arrivé à plusieurs reprises, avec un ou deux copains ou copines, de dérober l'énorme clef de la lourde porte en chêne qui permettait d'accéder au clocher, et de nous lancer dans une escapade qui nous déclenchait une bonne dose d'adrénaline ! Outre le côté interdit de l'opération, il y avait aussi le fait de se retrouver dans un escalier étroit, envahi de nids de pigeons occupés, faiblement éclairé par de petites meurtrières, une sorte de retour au Moyen Âge. Cent quatre-vingts marches, et nous étions au sommet, après avoir traversé la partie du clocher où trônait la cloche sur son axe en bois, avec un balancier au bout duquel était attachée la grosse corde qui descendait jusqu'en bas, et qui était destinée à actionner la cloche. Et c'était bien cette cloche qui, heure après heure, rythmait la vie des habitants, mais aussi les événements religieux, nombreux à l'époque, dès l'annonce de la première messe à sept heures du matin, chaque jour de la semaine.

Le panorama que l'on pouvait admirer au sommet du clocher était d'une grande beauté. Nous le regardions d'entre les créneaux pour ne pas prendre le risque d'être vus, d'autant que le presbytère où habitait le doyen était à moins de cinquante mètres du clocher ! Et nous avions sous les yeux la ville avec ses toits multicolores, tuiles et ardoises, le parc et, au loin, l'immensité du camaïeu de verts de la forêt de Carnelle, tandis qu'à nos pieds se déroulait le ruban de la vallée de l'Oise, à l'époque bordée d'arbres de toutes essences.

Le dimanche après-midi, dès mes huit ans, je me suis retrouvé enrôlé dans la fanfare municipale, dont mon père faisait partie, au grand dam de ma mère qui n'appréciait pas vraiment ses copains. Il jouait du clairon et j'ai toujours ses deux clairons dont il prenait grand soin, et moi, très fier, j'étais devant, aux côtés du chef, comme tambour-major. Vous imaginez le tableau ! C'était vraiment une autre époque ! Sans télévision, et pourtant nous étions très heureux quand même. L'été les voisins se rassemblaient devant la fenêtre et chacun échangeait sur tous les potins du village ou sur le souvenir de l'occupation allemande.

Mes activités d'enfant de chœur, mais aussi de louveteau puis de scout, remplissaient tout mon temps extrascolaire, du moins si mon père ne me réquisitionnait pas pour une tâche quelconque sur l'un de ses chantiers. Je participais à des camps de week-end dans la forêt voisine, et à des pèlerinages à Lisieux, puis à partir de mes quatorze ans à Lourdes, où nous avions, entre autres, mission de faire les brancardiers pour porter les malades de la gare à leur pension, et les jours suivants jusqu'à la grotte et à la piscine miraculeuse. Malgré la misère physique et morale qui nous environnait, la ferveur qui rayonnait dès que nous franchissions les grilles de la basilique pour accéder à la grotte, et les milliers de pèlerins porteurs de cierges entourés d'un cornet coupe-vent rectangulaire, toute cette ambiance nous donnait comme par magie la force d'assurer notre mission au service de tous ces malheureux, lesquels dans une large majorité débordaient de gentillesse, malgré leur handicap. C'est pourquoi j'ai toujours dit que Lourdes n'est pas un musée à visiter, mais une expérience de la magie de l'amour dans la foi !

Quant aux vacances... je les ai connues tardivement ! Même si dans les textes les congés payés ont commencé en 1936, en réalité pour nous ce n'est qu'en 1952 qu'ils ont été effectifs.

Mais nous n'y pensions même pas, bien entendu ! Jusqu'à l'âge de douze ans, nous passions des jours insouciants à jouer sur la place Guy Moquet, devant la maison, avec les enfants des voisins. C'était notre plage à nous, en somme. Avec d'un côté la façade de l'école et le monument aux morts devant, et de l'autre une fontaine où la plupart des familles venaient avec leur broc ou leur seau pour chercher de l'eau, très peu de gens avaient l'eau courante chez eux ! Et à cette fontaine, où l'eau coulait dans une grande vasque entourée de pierre polie à force par les femmes qui pendant des décennies venaient y laver le linge de leur famille, puis par les fesses de tous ceux qui s'y asseyaient en attendant leur tour pour remplir leur seau, les conversations allaient bon train et permettaient à tout un chacun de prendre connaissance des petits ragots de la ville. C'est autour de cette fontaine que l'on apprenait entre autres les naissances, les mariages, les décès et que l'appariteur communal, en uniforme, venait faire les annonces du Conseil municipal, après un roulement de tambour pour attirer l'attention de tous.

À cette époque-là, nous étions heureux, très heureux, avec le peu de jouets que nous possédions : une patinette fabriquée par mon père, des patins à roulement à billes métalliques qui faisaient grand bruit et donnaient des picotements aux jambes à cause des vibrations sur l'asphalte, sans parler des bruyants dérapages du métallique dans les virages, puis à quatorze ans, pour mon certificat d'études, mon père m'a offert, après l'avoir révisé et repeint, le vélo de son frère, celui qui était mort à la fin de la guerre, et dans la vie de la famille, pour mon père comme pour moi, ce vélo c'était tout un symbole...

Attenant à l'arrière de la maison, mon père avait son atelier, véritable caverne d'Ali Baba, un grand hangar d'environ cent quatre-vingts mètres carrés, en partie en verrière, au fond duquel il y avait une courette de trois mètres carrés où il élevait des lapins pendant et juste après-guerre, tant que les tickets de rationnement ont été en vigueur. En effet, pendant et plusieurs années après, chaque famille recevait des tickets permettant d'acheter une petite quantité de viande pour les hommes travailleurs, comme si les femmes ne travaillaient pas !

Une autre partie était réservée à l'atelier de mon père, équipé d'un grand établi de plus de cinq mètres de long avec plein d'outils, notamment des dizaines de marteaux de toutes les formes provenant de mon arrière-grand-père, ardoisier et ferblantier de son état, qui fabriquait même certains coqs pour les églises ou les mairies. Dans ce bâtiment où venait répéter la fanfare deux fois par mois, nous pouvions jouer avec les copains et les copines, c'est là qu'ont eu lieu mes premières amourettes, on y a monté des spectacles, dont un qui faisait fureur, Le chanteur de Mexico ! Il y avait aussi un trapèze, au grand dam de notre mère, qui craignait toujours que l'un de nous se rompe le cou... ce qui m'est arrivé, je me suis fracturé l'os de l'articulation du coude gauche, le condyle pour les savants, trois mois d'hôpital, trois opérations, et le chirurgien le Docteur Frichti nous a dit avoir bricolé une rotule en plastique pour que l'articulation fonctionne à nouveau ! Après cinq mois de plâtres successifs, pendant plus d'un an mon père s'est transformé en kiné en me tirant sur le bras tous les soirs pour déverrouiller l'articulation, et au bout de six mois mon bras bougeait de cinq centimètres, à la grande satisfaction de tous, mais au prix de quelles souffrances, sans compter qu'il me fallait aller à l'école et aux cérémonies à l'église avec deux poids, l'un d'un kilo, l'autre de cinq cents grammes, attachés par des bandelettes à mon poignet pour étirer l'articulation en permanence, enfin grâce à la ténacité de mon père je ne suis pas resté infirme... Merci !

Pendant que nous jouions, ma mère, elle, nous surveillait du coin de l'œil en lavant le linge dans une lessiveuse et à la brosse en chiendent sur une planche placée dans un baquet sur un trépied en bois. À l'époque on mettait le linge à laver dans une lessiveuse, sorte de grand récipient en tôle galvanisée plein d'eau, que l'on plaçait sur un mini-poêle à bois pour faire bouillir l'eau. Une fois bouillante, elle arrosait le linge avant qu'il ne soit frotté énergiquement à la main avec du savon de Marseille. Ceci été comme hiver. Et ma mère repassait avec des fers en fonte qu'elle chauffait sur le poêle de la cuisine, l'un chauffait pendant qu'elle repassait avec l'autre. Et dire que certains prétendent : C'était mieux avant, on était plus heureux, dommage pour eux, j'y étais, je l'ai vécu moi cet « avant », mais sans doute la force de la mémoire est-elle d'oublier... À part ça on était plus heureux, c'est vrai, parce qu'on avait moins de besoins, moins de tentations, et pour obtenir quelque chose on savait qu'il fallait y mettre le temps, le désirer longtemps, alors que maintenant tout le monde veut tout, tout de suite ! Et nous étions aussi beaucoup plus libres tant que le téléphone a été relié par un fil à la maison... Tout le monde travaillait en moyenne quarante-cinq heures et plus, mais au moins le salaire minimum permettait de vivre, il n'y avait pas de travailleur pauvre au point de ne pas pouvoir payer un loyer, ce qui est malheureusement le cas aujourd'hui.

Mon frère et moi avons connu nos premières vacances au bord de la mer en 1952. J'avais tout juste dix ans, et ma grand-mère maternelle, Mamie, comment la décrire physiquement, sinon en Mamie Nova, tout à l'opposé de mon autre grand-mère, du côté de mon père. Autant cette dernière était grande, un mètre-soixante-quinze, froide et pas du tout affectueuse, autant notre Mamie Nova était toute ronde, à peine un mètre soixante, rayonnante de bonté, et généreuse, pleine de douceur, ne se plaignant jamais. Pour nous y emmener, elle avait loué un studio sous les combles d'un petit immeuble, au Tréport, au bord de la Manche... le bonheur! Comme nous étions heureux au bord de la mer, même si l'eau était glacée, la plage en galets – mon dos et mes pieds s'en souviennent encore! Avec mon frère, André, qui avait trois ans de plus que moi, nous partions avec un immense plaisir et quelle joie, à la pêche aux crabes et aux moules! À la plage, en plein midi, la température montait rarement au-dessus de dix-huit degrés, l'eau en faisait aux environs de quatorze ou quinze, mais nous étions conscients d'être privilégiés et si heureux d'être là, avec notre Mamie. Oui, c'était une autre époque, mais était-ce mieux avant pour autant, comme on a tendance à vouloir le faire croire à ceux qui ne l'ont pas connue? La vie était beaucoup plus dure pour tous, enfants et adultes, les conditions de travail beaucoup plus pénibles, tant pour les hommes que pour les femmes, à la ville comme à la campagne. Tout se méritait, et ça, nous le vivions tous les jours. N'oublions pas qu'encore en 1978 un seul foyer sur quatre avait une salle de bain. Tout le monde se lavait au robinet, au-dessus de l'évier... En 1950, dans la plupart des foyers il fallait aller chercher l'eau à la fontaine, et même à Paris, dans les trois quarts des immeubles, il n'y avait qu'un seul robinet par étage, à côté des toilettes collectives. Nous, nous avions la chance d'avoir l'eau courante, mais pour le bain notre mère faisait chauffer l'eau du baquet sur le poêle, et c'est dans la cuisine, chauffée par le poêle à charbon, qu'elle nous lavait chacun à notre tour...

Mamie était née à Mours, petit village situé à deux kilomètres de chez nous, d'à peine cent habitants à l'époque, à trente kilomètres au nord de Paris. Ses parents possédaient, face à la grande bâtisse des moulins de la famille Poutrel, une modeste exploitation agricole d'un hectare tout au plus et vivaient du produit de la vente des légumes qu'ils cultivaient, des poulets et des œufs qu'ils vendaient sur les marchés du coin. On était alors dans les années 1880. Notre Mamie s'était mariée à un peintre d'origine belge, installé en France à Beaumont-sur-Oise juste avant la Guerre de 1914-18. Ensemble ils avaient ouvert un petit magasin de peinture, papier peint et vitrerie. C'était un artiste dans l'art de réaliser les trompe-l'œil et toutes sortes de faux bois. Les affaires allaient bon train. Le couple s'associa avec le beau-frère de Mamie et tout alla bien jusqu'à la déclaration de guerre de 1914. Mon grand-père maternel fut tué à Verdun, et son frère survécut pendant trois ans avec un éclat d'obus dans la tête qui lui provoquait de violentes douleurs. Il tentait de les noyer dans l'alcool. Fort heureusement il avait le vin gai et chantait en peignant ses toiles. Il ne peignait qu'à l'huile, et uniquement des natures mortes, des fruits et des légumes. Ses tableaux étaient accrochés partout chez Mamie et chez nos parents, ils ont accompagné ma vie.

Je ne veux pas faire ici du Zola à bon marché, mais je transcris la vérité : l'époque dite des années folles ne l'était pas pour tout le monde ! Née elle-même à Mours dans la fermette de ses parents, très jeune ma mère s'est retrouvée à partager les tâches du magasin de peinture. Elle a ainsi appris à couper des vitres, à faire les mélanges de peinture, et à l'âge de treize ans elle a brillamment réussi le Certificat d'Études primaires, puis à quatorze ans le Brevet élémentaire. Je n'oublierai jamais son écriture calligraphiée, sans aucune faute d'orthographe et, contrairement à moi, son vocabulaire exceptionnellement riche, atouts qui lui ont permis, dès sa sortie de l'école à quatorze ans, d'entrer dans la semaine qui a suivi comme apprentie vendeuse et relieuse chez Frémont, une librairie-imprimerie installée rue Nationale à Beaumont-sur-Oise. Très vite elle a eu en charge la correction de certains documents – je n'ai pas hérité de ses capacités en la matière ! – et un beau jour, j'ai même eu l'occasion, la grande chance, de pouvoir l'accompagner et de découvrir ce qu'était son univers, les odeurs de papier, ou le cuir des reliures – sa presse à relier en fonte a trouvé sa place dans notre entrée –. Tout cela ajouté au spectacle de machines fascinantes, comme celles aux bras articulés qui aspiraient les feuilles une à une avant de les absorber pour les ressortir imprimées, tout cela était magique pour l'enfant de sept ou huit ans que j'étais.

Malheureusement, après la mort de son mari et de son beau-frère, ma grand-mère ne pouvait pas tenir seule son commerce, alors elle a dû vendre le magasin de peinture et travailler, le reste de sa vie, comme vendeuse à la boulangerie Drevet, voisine de son ancienne boutique et de son appartement. Elle habitait ainsi près de chez nous, et chaque soir elle nous déposait la baguette de pain pour accompagner notre repas, en vérité composé généralement d'une soupe préparée par ma mère avec les légumes du jardin que cultivait mon père.

Comme je l'ai dit, mon père était artisan, et s'il était notoirement connu et même reconnu pour la qualité de son travail – éduqué, formé par son Grand Père, Compagnon du Tour de France – il n'était pas aussi fort, tant s'en faut, pour les écritures – c'est ainsi qu'il appelait le fait de facturer son travail – et donc, vous l'avez compris, il se faisait payer avec beaucoup de retard. En revanche, ces factures, sa mère les encaissait sans vergogne en oubliant une semaine sur deux de lui verser son salaire. Et n'oublions pas que son frère, avec lequel il partageait son métier – sa vie devrais-je dire dans la mesure où la complexité du couple que formaient ses parents, mère très égoïste et père alcoolique, les avait étroitement rapprochés – avait été tué quelques mois plus tôt. En réalité, mon père ne s'en remit jamais. Il était capable de passer des heures à travailler sans dire un mot. Ensemble chaque soir nous lavions et essuyions la vaisselle, et puis il reprenait sa pipe, s'installait dans son fauteuil et écoutait la radio. Il aimait particulièrement l'émission Sur le banc, avec Jeanne Souza et Raymond Souplex, et aussi Quitte ou double, avec Zappy Max sur Radio-Luxembourg... Ses jours passaient ainsi, en silence, sur les toits, à tailler les ardoises, ou des tuiles plates, niché en équilibre sur un échafaudage précaire, par tous les temps, un pied sur rien et l'autre sur pas grand-chose comme il aimait à le dire... Au fond, mon père était ce que certains appellent un taiseux !

Sa seule évasion était les répétitions de la fanfare municipale deux fois par mois et les concerts, certains dimanches, où il partait comme libéré de son deuil avec son clairon. Comme je l'ai dit, il m'avait entraîné dans cette aventure, et c'est au cours d'un de ces déplacements, à Annœullin dans le Nord, que j'ai eu l'occasion, équipé d'un casque deux fois trop grand et d'une lampe à carbure, de visiter, en culotte courte, une mine de charbon. J'avais neuf ans, c'était très impressionnant, outre le bruit assourdissant de la cage pour descendre dans le puits, l'odeur chaude et humide de la mine, toutes ces petites lampes au carbure qui donnaient une atmosphère irréelle, de même que les gueules noires qui, aujourd'hui encore, me font penser à l'esclavage...

Je n'ai compris que bien plus tard ce qu'était le quotidien de mon père, le fait qu'il passait des journées entières accroché à ses clochers, à vingt-cinq ou trente mètres de hauteur, sans échanger d'autres mots avec moi que : Tu les poses là, huit ardoises à la fois c'est pas beaucoup, à ton âge j'en portais au moins dix ! Tout cela se répétait et avait lieu pendant les vacances, ou le jeudi, car à l'époque on n'avait pas classe le jeudi, et les samedis après l'école, ce fut ma vie de onze à quatorze ans... Et dire que mon père n'a jamais voulu que je pratique le foot pour ne pas risquer de me casser un tibia, ce qui aurait été un comble quand on songe qu'il me faisait grimper à des clochers sur des échelles de plus de trente mètres et marcher sur des échafaudages de fortune !

Mon frère, mon aîné de trois ans comme je l'ai dit, était entré comme apprenti pâtissier alors qu'il n'avait pas encore quatorze ans, et moi, à part cette semaine au Tréport avec ma grand-mère, je passais les deux mois et demi de vacances à aider mon père sur les chantiers, plus exactement sur le toit des églises. Ma tâche consistait à monter des feuilles d'ardoises ou des tuiles plates sur l'épaule, maintenues d'une main, et de l'autre je me tenais à une échelle en bois qui se balançait au gré de ma progression, malgré mon poids plume de l'époque! Dur? Sans doute, mais les joies et même le bonheur étaient là, autour d'un poste de radio qui rassemblait toute la famille pendant que ma mère préparait le repas sur la cuisinière qu'il fallait allumer chaque matin puisqu'elle servait aussi de chauffage pour toute la maison, premier étage compris!

Vous l'avez deviné, aussi utile et noble que puisse être la tâche, refaire les clochers bombardés pendant la guerre n'était pas franchement mon objectif de carrière. Et pourtant, après avoir brillamment obtenu mon certificat d'études, je le répète grâce à mon instituteur, monsieur Couderc, toujours en costume cravate, un homme originaire de Castelnaudary, patrie du cassoulet et du rugby. Il savait capter l'attention de tous en classe, et de même, en dehors de la classe, il avait l'œil sur tous, sévère, mais juste, ce qui conduisait tous les élèves sans exception à le respecter. Oui, un homme passionné par son métier, qui avait une connaissance de chacun d'entre nous, alors que nous étions plus de quarante en classe et que nous y passions deux années, de treize à quatorze ans, la première servant de préparation au certificat d'études. Ah, monsieur Couderc! Comme mon père ne voulait pas que je pratique le foot, il m'a parrainé au club et fait découvrir le tennis, qui était, à l'époque, un sport élitiste. N'ayant pas les moyens de prendre des cours, et comme il n'y avait pas encore de cours collectifs, j'ai appris en le pratiquant parfois comme un forcené, en tapant contre le mur des heures entières, avant d'avoir le privilège d'avoir un partenaire...

J'ai donc obtenu mon certificat d'études en juin 1956, j'avais à peine quatorze ans et j'étais tout fier de mon diplôme. Mais avant que je n'aie le temps de me mettre à rêver, mon père m'a très vite et fermement ramené à la réalité, il m'a expliqué que ce diplôme c'était très bien, mais qu'il me fallait à présent avoir un métier entre les mains si je voulais être capable de nourrir ma famille plus tard (sic). Je l'entends encore : Il faut que tu aies un métier, les études tu verras après.... Cinquante ans après, il avait parfaitement raison !

Et à ce sujet, avoir un métier, en 1956 le pouvoir politique ne connaissait pas davantage le sens de cette expression que tous ceux qui lui ont succédé. Le résultat, c'est que malgré tous les replâtrages, le nombre de chômeurs – pardon, de sans emploi – augmente continuellement, et l'Éducation Nationale n'a toujours pas compris que c'est d'un métier que les jeunes ont un réel besoin, et non de diplômes qui ne débouchent sur aucun emploi. Un gouvernement, en 1978, est allé jusqu'à créer un secrétariat d'État aux travailleurs manuels, pour revaloriser leur travail, quelle stupidité ! Le travail manuel n'a jamais été dévalorisé, sauf dans l'esprit des technocrates. Bien sûr qu'il faut des diplômes, mais à quoi bon s'ils ne servent qu'à séparer les individus ? À quoi bon le « savoir » s'il n'est pas possible de le partager ? Il ne faut jamais succomber à cette manie des diplômes, tout être qui travaille a droit au même respect, et les gens qui se croient en haut ne le sont que parce qu'il y a ceux d'en bas. Un général sans armée, sans ses hommes, ce n'est rien qu'un homme comme les autres.

La vie se charge de nous faire découvrir qu'on apprend davantage au contact des gens humbles qu'à celui de ceux qui ne brillent que par la superficialité de l'argent ou de leur savoir, tous ceux qui n'écoutent pas pour apprendre, mais pour répondre. Ce qui ne signifie pas qu'il n'y ait rien de bien à apprendre chez certaines personnes nanties, au contraire ! Mais chacun dans sa vie est amené un jour à découvrir la pauvreté des puissants. Leur pauvreté de cœur ! Mon père avait raison en affirmant qu'il me fallait un métier. Il avait même doublement raison ! L'oisiveté étant la mère de tous les vices, je devais impérativement m'occuper. Et le faire en travaillant, ce n'était pas plus mal. J'ai de ce fait appris mon métier de couvreur – zingueur – plombier.

Enfin bref, à contrecœur, mais il n'était pas question d'aller contre sa volonté – vraiment c'était une autre époque – j'obtempérai donc, et c'est ainsi que dès l'âge de quatorze ans, chaque matin, levé à six heures, et après avoir avalé un bol de café au lait debout devant le buffet de la cuisine, nous partions ensemble chercher la voiture au garage, une Citroën U11, Rosalie berline 1936 – je vous conseille d'aller voir le modèle sur Internet – qu'il fallait faire démarrer une fois sur deux à la manivelle. À part ça ce véhicule était d'une robustesse à toute épreuve, avec une carrosserie d'une épaisseur incroyable, et des sièges en cuir très larges, comme à l'époque. Compte tenu de ma taille, je ne voyais même pas la route ! Bon gré mal gré il m'a fallu ainsi apprendre le métier de mon père. La première année je portais donc les matériaux adéquats, je ramassais les monceaux d'ardoises cassées et les morceaux de charpente à jeter dans une remorque, tout ça à longueur de journée. Ce n'est que la deuxième année que j'ai commencé réellement le métier, à tailler les ardoises ou les tuiles, à façonner la zinguerie pour fabriquer les gouttières et les bandes de plomb d'étanchéité. Et ainsi en trois ans je suis devenu couvreur-plombier. Fier de mon évolution, mon père m'offrit l'enclume et le ciseau à ardoise de feu son frère, qui sont toujours dans le couloir de notre maison. Il faut préciser que l'enclume des ardoisiers n'a rien à voir avec l'enclume du forgeron, c'est une sorte de T d'un peu plus de six millimètres d'épaisseur, utilisé afin de tailler les ardoises avec la tranche du ciseau. Ainsi, tout semblait indiquer que mon chemin professionnel et mon avenir étaient tout tracés ! Cependant, de temps en temps, l'assurance me venant en grandissant, je tentais d'expliquer à mon procréateur, à mon père chéri, que mon ambition n'était pas du tout de passer ma vie de cette façon, sur les toits, mais il n'y a pire sourd que celui qui ne veut pas entendre, il ne voulait rien savoir...

Je n'étais pas payé à cette époque, pas davantage déclaré à la Sécurité Sociale. Je vécus ainsi de quatorze à dix-huit ans. Cependant, pour mes seize ans, sur mon insistance et avec la complicité de ma mère, mon père m'acheta un scooter, un Lambretta 125cc, génial! Cela représenta pour moi l'accès à l'indépendance, l'apprentissage d'une certaine liberté, le partage spontané avec les copains et les copines... C'était en 1958... comme le chantait Richard Anthony! En fait, nous nous retrouvions toujours autour de l'église, lieu de ralliement de notre patrouille de scouts, car oui, à seize ans j'étais devenu le chef des enfants de chœur et le second du chef de patrouille scout, lignée Baden Pauwels – ce dernier, entre parenthèses, étant franc-maçon. Nous partions le samedi soir dormir en forêt, ou plus souvent dans le petit bois derrière l'église, nous rejoignions les Jeannettes et, tous rassemblés autour d'un feu de camp, nous nous faisions cuire des pâtes, et surtout nous découvrions la liberté et les premiers flirts. Certains parents, dont les miens, venaient régulièrement vérifier que tout se passait bien et que nous ne faisions pas de bêtises. Je me souviens que le chef de patrouille avait une 4 CV Renault et qu'un jour nous sommes montés à huit – à quatre on était déjà à l'étroit – dans sa minuscule voiture pour lui éviter de faire un nouvel aller-retour, alors qu'il nous aurait fallu l'attendre sous la pluie. C'était génial, en plus moitié jeannettes, moitié scouts!...

Au fond, mis à part le fait que j'y étais obligé, la rudesse du travail et le fait que je doive continuer à aller faire l'acrobate sur les clochers alentour, la vie était bel et bien remplie. Et je garde de cette période d'excellents souvenirs. C'était le temps des premiers tourne-disques Teppaz pour vinyles, l'éclosion des années 60, les pochettes bariolées qui décoraient les murs de ma chambre, et, dès 1959, la mode des jeans, qui fut l'uniforme de ma génération et qui symbolisa très vite le début de nos revendications d'émancipation, du il est interdit d'interdire au nom duquel des dégâts économiques et éducatifs considérables ont été commis. Près de soixante ans plus tard, nous en subissons toujours les dommages. Cohn-Bendit a servi de modèle en ne respectant ni les professeurs de la Sorbonne, ni même la police.

Comme tout un chacun j'ai eu mon âge ingrat. Cette crise d'adolescence m'a expédié chez un autre patron, un grand cette fois, avec trente-cinq ouvriers comme il se plaisait à le dire pour montrer combien il était puissant. Je voulais mon indépendance, je croyais l'avoir, mais c'était au prix de trente-cinq kilomètres matin et soir en scooter, par tous les temps...

Tant et si bien que l'idée de fuir mes clochers s'est développée en moi, et qu'après avoir assisté aux obsèques de jeunes voisins tués en Algérie pendant leur service militaire, j'ai fini par considérer qu'il était de mon devoir d'y aller à mon tour. Il est vrai qu'aujourd'hui le sens du devoir est devenu quelque peu ringard, mais nous étions tout juste quinze ans après la Libération de la France, dont toutes sortes de commémorations honoraient les héros... Beaucoup de discussions entre amis tournaient autour du temps de l'Occupation allemande, c'était un sujet récurrent.

L'arbre de ma jeunesse c'est tout cela. Les branches ont grandi, ses feuilles ont changé, mes idées également, mais j'ai toujours conservé mes racines.

CHAPITRE 2

À dix-huit ans,
engagé volontaire
pour la France

Le jour de mes dix-huit ans, c'est-à-dire le 13 août 1960, je me suis donc rendu à la gendarmerie de Beaumont S/Oise pour me porter volontaire, m'engager dans l'Armée française, plus précisément dans les Commandos parachutistes d'outre-mer. J'optai pour les légendaires *bérets rouges de la SAS (Spécial Air Service)* sans savoir du tout ce qui m'attendait, hormis le côté exaltant de sauter en parachute et les belles affiches en couleur de l'époque ! Bien que j'en aie averti mes parents, et à plusieurs reprises, ils n'y croyaient pas !

Et c'était encore une grande stupidité de ma part, car sortant de chez papa-maman où l'Amour avec un grand A ne se disait pas, mais se vivait au quotidien, je n'étais pas du tout préparé à vivre et à subir les turpitudes, les violences de cette nouvelle vie.

Comme tous, à cet âge, j'ignorais que le bonheur n'est pas chose facile, qu'il est difficile de le trouver en soi, et, malgré tout, impossible de le trouver ailleurs...

La majorité étant alors fixée à vingt et un ans, j'ai dû user de multiples arguments pour obtenir en moins de dix jours le consentement de mon père. Il faut noter qu'en 1960, du fait de la guerre en Algérie, le service militaire obligatoire était de trente mois. M'engager pour trois ans – trente-six mois – me permettait de choisir mon corps d'armée et de surcroît de percevoir la solde d'un engagé qui était trois fois plus élevée que celle d'un simple appelé. Et puis c'étaient les prestigieux bérets rouges !

Ma mère, très triste, effondrée de me voir partir, laissa le soin à mon père de m'accompagner à la gare d'Austerlitz. C'est sur le quai, en quittant mon père, ce 23 août 1960, que j'ai pris conscience de mon acte, quand j'ai capté dans son regard une immense tristesse, plus forte encore que celle qu'il ressentait quotidiennement, une véritable détresse. À ce moment précis, je n'ai pas réalisé qu'il avait perdu son unique frère, Pierre, à la guerre, et que moi aussi je partais pour en faire une autre guerre, hors de notre territoire. Lui savait qu'une guerre reste une guerre avec ses souffrances et ses peines, il avait déjà donné ! C'est bien plus tard que j'ai réalisé que quinze ans tout juste séparaient la mort de son frère et mon départ. Et nous étions en pleine guerre d'Algérie...

Ce 23 août 1960, soit dix jours après mes dix-huit ans, je quittai donc mes parents pour le 1er Régiment de Commandos parachutistes d'Outre-mer, direction la Citadelle de Bayonne, afin d'y recevoir la formation de base, mes classes, qui me feront basculer de l'adolescence à l'état de combattant.

Dès les premières heures de mon arrivée, je compris que ce presque caprice de gamin n'était pas la chose la plus intelligente que j'aie faite, et que j'allais la payer cher... Entre Mont-de-Marsan, Pau et Bayonne, cinq mois de stages et d'entraînement intensif sur le grill 24 heures sur 24 – une éternité – et pour m'apprendre ce nouveau métier d'engagé volontaire dans l'armée française en Algérie un grand nombre de coups, brutalités et traitements comme on dit virils, de la part de sous-officiers qui revenaient d'Indochine et qui au fond, sinon pour notre bien, du moins pour notre survie au combat, n'hésitaient pas à nous traiter à la dure, bref plusieurs mois de folie! Immergé en plus au milieu de jeunes gens qui pour la plupart avaient commis quelques erreurs de parcours et avaient préféré s'engager dans un régiment disciplinaire plutôt que d'aller en prison, ou pour le moins en maison de correction! Ces cinq mois d'entraînement donc me firent bien comprendre la réalité de ma condition, moi qui sortais du cocon familial. Sans entrer dans les détails souvent quasiment inhumains de notre entraînement, je peux dire que l'épreuve fut dure, très dure. Le sadisme des sous-officiers et une discipline de fer ont été mon quotidien. Tant et si bien qu'après les trois premiers mois à la Citadelle le stage de sauts d'une semaine à Pau, à la BETAP, pour apprendre à sauter en parachute, nous est apparu à tous comme des sortes de vacances, alors qu'il avait la réputation d'être particulièrement difficile. Pour ma part, si sauter de la tour d'entraînement n'était pas spécialement agréable, alors même qu'avec mes clochers je m'étais habitué à ne pas avoir le vertige, je n'avais pas imaginé que j'appréhenderais de sauter dans le vide, retenu à quelques mètres du sol dans un bruit assourdissant de chaînes qui faisaient contrepoids! Malgré le froid à Pau de fin novembre, début décembre, et l'entraînement, les conditions étaient de beaucoup plus supportables que le temps passé à Bayonne dans la Citadelle et les exercices d'entraînement de toute nature, de nuit comme de jour, sur les contreforts des Pyrénées et du Pays basque.

Toutefois, dès le premier saut réel d'un avion, à trois cents mètres d'altitude, je touchai au bonheur absolu. Comment dire ce silence extraordinaire dès que l'on franchit la porte de l'avion – un Nord 2501, Noratlas à deux queues – ce calme absolu d'un bref instant, car le sol arrive vite, à 40 kilomètres à l'heure, et la bonne attitude à adopter très vite afin d'atterrir en souplesse face au vent – en roulé-boulé... Nous étions équipés de parachutes du débarquement de 1945. Toujours est-il que j'obtins le brevet 179691, et que chaque saut me procura un bonheur intense.

Trois mois et une semaine plus tard j'eus droit à une permission de trois jours – le minimum légal – avant d'embarquer pour l'Algérie, fier d'arborer mon uniforme, mes rangers, mon béret rouge, l'écusson de commando et sur la poitrine mon brevet de parachutisme bien brillant ! J'avais l'impression d'être devenu un homme par cet entraînement très rude, dirigé par des têtes brûlées, des survivants de la guerre d'Indochine et même certains de Diên Biên Phu et des camps de prisonniers Vietcong... Oui, j'étais devenu un homme, un vrai, comme me disaient les anciens d'Indo ! Quand j'y pense maintenant, quelle tristesse ! Quel gâchis de jeunesse ! Que d'illusions envolées ! Quelle stupidité !

Beaucoup de larmes de joie, un grand bonheur de retrouvailles familiales partagées, trois jours bien trop courts – et ce fut la dernière fois que j'ai revu ma Mamie Nova, sa tendresse qui disparut à jamais pendant mon temps en Algérie.

Le 3 décembre 1960, ma section arrivait au camp de Sainte-Marthe à Marseille, avant d'embarquer dès le lendemain, tous entassés sur le pont d'un navire civil réquisitionné par l'Armée. Nous quittons Marseille pour rejoindre Alger. Traversée houleuse, avec nombre de malades, mais traversée vite oubliée, car, pas de doute, la vue d'Alger depuis la mer au petit matin est toujours gravée dans ma mémoire, *Alger la Blanche*, Alger la superbe, Alger la magnifique ! Que de chansons, que de poèmes ont été écrits, mais aucun ne remplace l'arrivée dans le port d'Alger au petit matin. Je trépignais d'impatience, non pas de combattre la rébellion que j'avais un instant oubliée, mais de découvrir ce beau pays – il faut dire que dans ma petite vie je n'avais pas vu grand-chose en dehors de ma commune natale, Lourdes et le Tréport...

Nous n'avons pas eu le temps d'apprécier le paysage et de visiter la ville, dès le débarquement nous sommes montés dans des camions entièrement bâchés, et une heure plus tard nous arrivions à Koléa, village superbe entouré de plantations d'orangers et de vignes à perte de vue, le tout parfaitement entretenu, sans un brin d'herbe, bordé de bougainvilliers et d'hibiscus. C'est dans ce petit village, à quelques kilomètres d'Alger, qu'était cantonnée la base arrière de ma compagnie. L'environnement était magnifique, et nous voilà installés dans les différents corps de ferme de ce qui s'appelait la base arrière du 2e Régiment de Commandos parachutistes d'outre-mer – qui allait être rebaptisé très peu de temps après 2e Régiment de Parachutistes d'Infanterie de Marine, RPIMA, faisant partie de la 10e Division aéroportée, elle-même dissoute en 1961 après le putsch d'Alger.

On fut vite mis dans le bain grâce aux anciens, très sympas avec nous les bleus. C'est alors que commença une nouvelle vie, nous suivîmes une semaine de formation. On apprend vite lorsqu'il s'agit de faire attention à sauver sa peau ! D'autant que ceux qui nous formaient avaient tous été blessés. Et pour eux le principe était simple : tous les habitants étaient gentils, mais chacun d'entre eux pouvait cacher un rebelle prêt à nous faire un mauvais sort... les traces de balles tirées quelques jours avant notre arrivée sur la façade immaculée blanche nous montraient la réalité de la situation... L'objectif visé était d'apprendre les comportements adéquats à observer si nous voulions revenir de tout cela en vie ! Cette fois, nous quittions le virtuel, et nous eûmes vite la confirmation que nous n'étions plus à l'entraînement, que nous devenions des cibles à chacune de nos sorties en opération dans le Djebel...

Le dimanche suivant, en pleine nuit, nous fûmes embarqués à nouveau dans les camions, avec armes chargées et bagages réduits au minimum pour une destination inconnue. C'est après neuf heures de route que nous découvrîmes le panneau de la ville de Constantine. Encore une heure environ et nous arrivâmes en plein bled, entourés de montagnes aux sommets enneigés. Moi qui ai toujours détesté le froid et qui pensais que l'Algérie était un pays chaud, j'ai été servi ! Ce premier hiver m'a fait mesurer à quel point j'étais ignorant. Je n'ai jamais eu aussi froid qu'en Algérie lors des gardes de nuit...

Nous arrivons par une nuit sans lune, sur un plateau où étaient installées une dizaine de grandes tentes-dortoirs avec, de chaque côté, dix lits de camp *Picot* pliants alignés. Le lieutenant Fourré, commandant de la compagnie d'appui, nous rassemble rapidement sous l'une d'entre elles et nous informe que le réveil est fixé à cinq heures le lendemain. Nous devons rester habillés et préparer tout de suite nos sacs à dos et nos armes pour partir en opération... C'est ainsi que commencèrent mes deux années en Algérie, dans un premier temps, dans ce Constantinois où j'ai vécu mon premier accrochage. Trois semaines après avoir mis le pied en Algérie, à dix-huit ans et demi, je suis confronté à la mort dans une embuscade d'un de mes compagnons d'entraînement à Bayonne, il avait mon âge à quelques semaines près. Notre camaraderie n'était pas du type expansif, mais nous savions que nous pouvions compter l'un sur l'autre dans le danger, et c'était là l'essentiel. Il a été rapatrié en France avec les simples honneurs d'un soldat mort au combat – mais mort pourquoi ?

Après le Constantinois, les Aurès, là où commença cette guerre poursuivie ensuite dans l'Ouarsenis et dans l'Oranais. Que de terrains escarpés il fallut parcourir à pied, pendant des jours et des jours, après avoir été déposés par camion ou par hélicoptère Sikorski au milieu de nulle part... avec nos armes, et pour tout repas des rations dans des boîtes métalliques. À quoi bon avoir appris à sauter en parachute pour en fin de compte marcher autant ?

La compagnie à laquelle j'étais affecté était composée de nombreux harkis – des Français d'origine algérienne qui avaient fait le choix de s'engager dans l'Armée française pour défendre la France en Algérie contre « l'insurrection » – des hommes exceptionnels qui se battaient courageusement, leur foi en la France chevillée au corps. Ils étaient d'ailleurs très pédagogues avec la population des villages que nous traversions, ce qui n'avait rien à voir avec certaines caricatures qu'on présentait au public sur le comportement des parachutistes... Après le putsch d'Alger – celui fomenté par les quatre généraux que le général de Gaulle qualifia de *quarteron de généraux en retraite* dans un discours célèbre –, ma compagnie fut envoyée plus au sud, entre Sidi Bel Abbes et Crampel, dans un camp de fortune constitué de tentes en pleine zone désertique, où nous eûmes droit à un entraînement intensif sous un soleil de plomb. Puis, un mois et demi plus tard, dix hélicoptères sont venus nous chercher un matin pour nous accompagner jusqu'à l'aéroport, de Sidi Bel Abbes, je crois. Le 22 juillet 1961, et ce fut la seule fois durant mon séjour où j'ai repris un avion, harnaché d'un parachute pour aller libérer l'arsenal de Bizerte en Tunisie, là où l'amiral Maurice Amman était encerclé par une troupe de rebelles armés. En trois jours la rébellion fut maîtrisée. Il n'y eut pas beaucoup de blessés chez nous, mais il n'en fut pas de même pour les rebelles qui perdirent beaucoup d'hommes. En une semaine la paix était retrouvée, et sur les lieux où nous combattions quelques jours auparavant nous nous promenions comme si de rien n'était. Le lieu le plus chaud était la porte de l'Arsenal que nous avions libérée des tentatives d'intrusion des rebelles. Le jardin verdoyant avait retrouvé son apparence après le retrait des corps. Comme si rien ne s'était passé... Quelle stupidité ces guerres !

Toujours est-il que, la paix revenue, nous avons passé trois mois de quasi-vacances, avec un stage de plongée sous-marine et beaucoup d'exercices sportifs. C'était probablement le moyen de nous faire oublier un peu ce que nous avions subi, plus particulièrement les trois derniers jours – il n'était pas question de thérapie à l'époque... et pourtant nous en aurions eu tous très certainement grand besoin. J'ai traîné les images d'Algérie et de Tunisie et de mes camarades tués ou blessés pendant des années, c'est la première fois que je me livre ainsi, et j'espère qu'ainsi mes enfants et petits-enfants me comprendront mieux, mes Frères et Sœurs Francs-maçons également. Il n'est acceptable pour personne de porter le corps d'un camarade, quel que soit l'âge, et peut-être encore moins à dix-huit ans... Je pense que le travail de deuil met très longtemps à se faire, surtout dans ce genre de circonstance, Mort pour la France – mort pour rien !

C'est donc en pleine forme physique que nous sommes retournés en Algérie et que nous avons retrouvé Koléa, notre base arrière, vous vous souvenez, le village où nous avions passé une semaine après notre débarquement. Toujours magnifique, mais comme toute la région, comme Sidi-Ferruch par exemple, ville balnéaire où les navires français ont débarqué les premières troupes en 1830 pour libérer l'Algérie du joug ottoman et libérer les enclaves des tribus berbères et arabes, Tipaza, Cherchell, et combien de villes, de villages peints en blanc avec des bougainvilliers rose, blanc et grenat, le tout très propre, de toute beauté, à quelques kilomètres ! Toutefois la façade de notre bâtiment était à présent complètement criblée d'impacts de balles.

Sans entrer dans des débats politiques complexes, je peux dire ce que j'ai vu. La France a laissé le pays qui était alors le plus moderne du continent africain aux mains du FLN, un parti fortement corrompu qui a largement détourné la rente pétrolière et gazière à son profit et au détriment du peuple. Par haine de la France, les nouveaux dirigeants ont fait le choix de se rapprocher de l'Union soviétique au lendemain de l'Indépendance. Il s'est agi d'un choix politique et économique qui a, qu'on prenne le problème par un bout ou par un autre, ruiné le pays en quelques années seulement. Alors que la France avait fait sortir l'Algérie du Moyen Âge en réalisant un réseau routier de cinquante-quatre mille kilomètres, vingt-trois ports, vingt-trois aéroports, douze barrages pour la production d'électricité et l'irrigation — ce qui a permis de fertiliser des milliers d'hectares – un réseau de chemin de fer, cent soixante hôpitaux civils et militaires. L'écrivain kabyle Belkacem-Ibazizen a déclaré : *La scolarisation française a fait faire aux Arabes du Maghreb un bond de mille ans après l'esclavage par les Turcs, et Ferhat-Abas de dire : La France n'a pas colonisé l'Algérie, elle l'a fondée !*

Aujourd'hui, force est de constater qu'une partie de la population d'origine algérienne qui vit en France, élevée dans la haine de la France, vit pour une large part en marge des lois républicaines et refuse de s'intégrer sous prétexte que son pays a souffert de la colonisation et de la guerre, alors que cette génération n'était même pas née en 1965... Accepterait-elle de reconnaître que le modèle républicain d'assimilation – et non de la charia – a pourtant fait merveille avec des générations d'Européens, Belges, Italiens, Espagnols, Portugais, Polonais, et plus récemment avec les immigrants d'Asie en général ?

L'effort de la République en faveur des immigrés est bien réel. Je dirai même que jamais les immigrés n'ont bénéficié d'autant de moyens matériels, financiers et humains depuis trente ans. Malheureusement, quand on regarde les résultats tangibles, entre ceux qui font l'effort de s'intégrer et ceux qui haïssent *a priori* la France, le constat est accablant : nous voilà à des années-lumière des tirades habituelles des associations pro-immigrés et des procureurs qui font chaque jour le procès de la France. Même l'ONU a condamné la France pour le voile ! Il est temps de considérer autrement la situation actuelle et de se baser, pour y parvenir, sur des études comme celle de l'INED – Institut National d'Études Démographiques.

Il faut savoir et ne jamais oublier que lorsque nous avons embarqué pour rentrer en France, les quais d'Alger étaient bondés par plusieurs milliers de familles affolées, complètement désorientées, qui nous suppliaient de pouvoir monter à bord pour fuir le danger des règlements de compte...

Après avoir appris qu'ils seraient démobilisés sur place en Algérie, les harkis du groupe de ma section décidèrent de partir avec camions et armes, afin de se défendre des militaires du FLN et des autres organisations indépendantistes. Et je persiste à penser qu'il est dommage, outre le fait de les avoir abandonnés sur les quais d'Alger, que nous n'ayons pas formé nos harkis, ces hommes dévoués et aimant la France, à devenir gardiens d'immeuble, plutôt que de les parquer, pour ceux qui ont pu embarquer, comme du bétail dans des camps, alors que ceux que nous avions combattus étaient reçus en métropole sans difficulté aucune, qu'ils trouvaient même un emploi et un logement, des logements HLM leur étant attribués au prétexte que la France avait besoin de main-d'œuvre, alors même que la majorité de ces logements était gardée par des gens très proches de Jean-Louis Tixier-Vignancourt, à la tête d'un mouvement d'extrême droite dont Jean-Marie Le Pen était à l'époque le premier adjoint... Ce même Le Pen qui devint plus tard président du Front National ! Oui, je crois que bien des choses auraient pu être différentes, historiquement parlant. À plusieurs reprises j'ai eu l'occasion d'en parler avec de nombreuses et hautes personnalités politiques et parlementaires qui ont toujours acquiescé, se sentant même coupables de ce qui s'était passé, gênées que je le leur rappelle. Et je suis certain qu'alors les enfants et les petits-enfants de nos harkis auraient sans aucun doute mieux défendu et fait respecter les lois de notre République et de notre laïcité. Malheureusement il n'est pas en mon pouvoir de refaire l'Histoire, d'autant plus lorsque nous constatons que bon nombre de nos représentants culpabilisent certes, mais ne dénoncent jamais les exactions passées et présentes de l'État algérien.

Si rien ne peut changer le passé, si rien ne peut guérir ses blessures, essayons au moins de réparer l'oubli de mémoire infligé aux cent quarante-six personnes décédées et enterrées sans sépulture digne de ce nom dans le camp de transit de Rivesaltes, où ont été parqués plus de vingt mille harkis venus d'Alger ! Il aura fallu plus de cinquante ans pour que les plus hautes autorités de la France fassent leur cette exigence de vérité en reconnaissant avoir manqué à leur devoir d'accueil et de protection. Le camp de Rivesaltes, dans les Pyrénées-Orientales, était en fait un lieu d'exclusion, et cette mise au ban de la société française, les harkis l'ont vécue comme une trahison. Consultez *Camp de Rivesaltes* sur Internet, et vous verrez que c'est une page noire dans l'Histoire de notre République, laquelle a manqué gravement à son devoir.

Oui, il y a ceux qui ont donné et donnent toujours leur avis sur la Guerre d'Algérie, et il y a ceux qui ont donné leur vie, dans le meilleur des cas leur jeunesse...

Après des heures de voyage en bateau, le cœur lourd, d'Alger à Marseille, puis en train, nous sommes enfin arrivés à Carcassonne pour rejoindre notre affectation au 3e RPIMA, Régiment de Parachutistes d'Infanterie de Marine. J'ai participé à l'instruction, effectué de nombreux sauts et quitté l'Armée française le 20 mai 1963, au bout de trente-trois mois de service, avec mes congés sans solde en poche. J'ai beaucoup de difficultés à exprimer mes sentiments de l'époque, heureux de retrouver ma famille, mais très malheureux de quitter l'Armée en général et bien entendu mes compagnons d'armes, surtout ceux qui avaient été tués. J'avais l'impression d'une sorte de désertion, difficile à expliquer. J'étais désorienté, avec une impression d'invincibilité, mais la tête pleine d'interrogations.

Enfin, me voilà donc de retour à la vie civile, retour plus facile à dire qu'à vivre, croyez-moi !

Au fond, ces plus de deux ans en Algérie ont été une accumulation d'épreuves tant morales que physiques que je ne souhaite à personne. Et j'ai toujours présents dans ma mémoire les camarades de ma compagnie et le lieutenant Fourré, son commandant, qui ont donné leur vie pour... rien. Et aussi une pensée sincèrement attristée pour tous les harkis, la façon dont ils ont été traités par la France à leur arrivée chez nous, tous ces gens, hommes, femmes et enfants, qui voulaient rester français, et tous ceux que nous avons abandonnés sur les quais d'Alger ! Ils demandaient de l'aide, ils suppliaient. La France est restée sourde et muette. Bon nombre d'entre eux ont subi des règlements de compte et ont été exécutés par les armes ou égorgés sauvagement. Je me refuse à développer davantage la stupidité de cette période de ma vie. D'ailleurs, de retour à la vie civile, je n'ai entretenu de contact avec aucun de mes anciens camarades, et n'ai participé à aucune association d'Anciens... Je n'ai effectué que mes périodes de réserve, durant lesquelles j'ai refait cinq sauts en parachute. J'étais trop mal dans ma peau. Oui, je le répète, j'avais l'impression d'avoir déserté, d'avoir abandonné mes compagnons morts et vivants. J'ai ressenti alors le besoin de vivre intensément, comme pour rattraper le temps des trois années passées. D'autant qu'il paraît que de dix-huit à vingt et un ans ce sont les plus belles années d'insouciance pour la jeunesse... Je suis quant à moi clairement passé à côté.

En héritage de ces années-là, j'ai reçu une grande leçon, sur la vie en général et sur les hommes en particulier. La vie ne tient pas à grand-chose si ce n'est au fait d'avoir une grande envie de la vivre ! Et encore, tout n'est pas si simple. J'ai connu des compagnons qui avaient incontestablement cette envie fondamentale, mais qui n'ont pas eu cette chance de pouvoir la réaliser parce qu'un autre, un ennemi, un inconnu, un jour, en décida autrement! Le chiffre de près de trente mille morts en Afrique du Nord a souvent été avancé dans le but fallacieux de minimiser le fait qu'il s'agissait d'une guerre, mais c'est sans tenir compte de ceux restés en Algérie. Il faut y ajouter les centaines de milliers de nos compatriotes Pieds-Noirs et Harkis qui ont été lâchement assassinés. Mon indignation vient du fait que chaque fois qu'on parle de ce genre d'affaires on pointe du doigt et on met en cause les Unités parachutistes dans telle ou telle exaction. Personnellement, il m'a fallu attendre la fin de la guerre d'Algérie pour entendre parler avec autant de hargne et de repentance de ce passé douloureux de tortures et d'exactions en tout genre par ceux-là mêmes qui avaient aidé la rébellion contre les soldats français. Que certains arrêtent, pour des raisons qui leur sont propres, de faire de la repentance un enjeu électoral! Repentance qui n'entretient finalement que la fracture entre français de toutes origines... Il n'y a pas de guerre propre, puisqu'elles trouvent leurs racines dans l'échec et la haine.

Enrico Macias a parfaitement résumé en chanson la situation de ces Pieds-Noirs qui ont tout quitté, alors qu'ils étaient attachés à l'Algérie par des générations de présence sur ce sol. Ils ont réussi à se reconstruire, sans les aides promises, et à fertiliser, avec un courage exemplaire, des terres que personne ne voulait cultiver, comme les Vietnamiens l'ont fait en Guyane. La joie de vivre des pieds-noirs, leur sens de la fête était communicatif dans tous les restaurants, dans tous les night-clubs des années 65 à 75.

Et le fait qu'en 40 nous ayons eu pour alliés tous les combattants d'Afrique du Nord, et que nous étions ennemis avec les Allemands avant de devenir maintenant partenaires, c'est merveilleux, mais cela reflète bien la stupidité des guerres, quelles qu'elles soient...

Quant aux hommes, je dirais qu'il suffit de leur faire endosser un uniforme, avec ou sans galons, pour les changer radicalement, de fond en comble. Les héros le sont souvent par un concours de circonstances, par altruisme ou par inconscience des dangers réels, en se livrant à un acte spontané, naturel. Et cette observation n'est pas seulement valable dans le cadre de l'Armée, elle peut aussi être faite dans le cadre d'autres organisations, par exemple dans la gendarmerie, au risque de sa vie, comme vient de le montrer le colonel Arnaud Beltrame, et comme le font voir tant de policiers, de pompiers, au quotidien !

Ce n'est donc qu'avec le temps que j'ai pris conscience de l'absurdité de mon engagement et de celui de la France dans cette guerre. Pensez donc, à dix-huit ans, un fusil, des ennemis qui ressemblent aux amis qui combattent à nos côtés, des compagnons qui sont blessés mortellement, d'autres qui resteront infirmes à vie, et subitement *tout le monde il est beau, tout le monde il est gentil*, c'est la «pacification», on ne se fait plus la guerre, soit, je suis le mouvement, et puis soudain crise à Bizerte, toute la compagnie dans les avions, ceux qui étaient les gentils sont devenus les méchants en Tunisie, à l'inverse de l'Algérie où ceux qui étaient les méchants étaient, paraît-il, devenus gentils, du moins fallait-il faire comme si – alors même que sur le terrain les Algériens réglaient leur compte aux Pieds-Noirs et aux harkis dès le 18 mars 1962, au moment des Accords d'Évian... Sans informations, sans explications, et nous n'en avions aucune, en plus dirigé par des hommes qui étaient de véritables machines de guerre, comment voulez-vous qu'un gamin de mon âge s'y retrouve ? J'ai mis plusieurs années après avoir quitté l'Armée à comprendre la chose suivante : *Heureux celui qui a compris qu'il ne fallait pas chercher à comprendre !*

Les États n'ont pas d'âme, ils n'ont que des intérêts.

Quand je pense à tout ça maintenant, je me dis qu'aujourd'hui, si la

France était encore la France, on attribuerait la Légion d'Honneur à titre posthume à tous ces malheureux morts pour la France, oui, à tous ceux qui sont morts en Algérie, les harkis et tous les autres, et qu'en outre on leur accorderait des obsèques nationales, dans la Cour des Invalides !

CHAPITRE 3
Retour à la vie civile
et aux Trente Glorieuses

Le premier pas pour avoir ce que vous voulez, c'est d'avoir le courage de quitter ce que vous ne voulez plus.

L'année 1963 fut donc pour moi celle du retour à la vie civile... Et en effet, je réintègre chez mes parents, je retrouve ma chambre sous les toits tapissée de pochettes de disques 33 tours de l'époque. Je me rappelle avoir consacré le dernier tiroir de l'ancienne commode, dans le grenier, pour y ranger soigneusement toutes mes affaires militaires dans une valise en aluminium, ainsi que tous mes souvenirs de l'Armée, casquette Bigeard et béret rouge amarante, tenue camouflée, rangers, ceinturon, décorations, poignard, photos, etc.

Ce n'est que cinquante ans plus tard, au décès de notre mère, en vidant la maison de mes affaires, que j'ai tout repris et tout déposé tel quel en haut d'une armoire de notre appartement parisien. Encore aujourd'hui ces souvenirs se sont rendormis et je n'ai nulle envie de les remuer... d'où ma grande difficulté pour avoir rouvert cette page de ma vie dans ces quelques lignes.

Faisant miens les mots de Confucius : *Le silence est un ami qui ne trahit jamais.*

Dès le premier mois de mon retour, je suis allé rendre visite à deux familles, l'une à Nantes, l'autre dans l'ouest de Paris, de compagnons tués en embuscade, l'un dans les Aurès, l'autre dans l'Ouarsenis au nord-ouest de l'Algérie. Une fois ce devoir accompli – un engagement que j'avais pris auprès de leur fils au moment de leur dernier instant de vie – c'est avec beaucoup de peine, beaucoup de difficultés, que j'ai tiré un trait sur toute cette page de mon existence. Je m'y suis efforcé en famille quand j'ai fêté mon grand retour, et aussi avec l'équipe de gendarmes qui avait suivi mes péripéties parentales pour obtenir l'accord de mon départ, chacun d'entre eux ayant toujours demandé régulièrement de mes nouvelles à mes parents pendant mon absence.

Et puis le temps a passé : mes amis d'école se sont faits très rares, la majeure partie d'entre eux s'était dirigée vers l'apprentissage, et une minorité – dont ma petite amie de l'époque, Francette – avait rejoint les rangs de l'Université à Paris, les garçons bénéficiant alors de sursis afin de ne pas être mobilisés... Quoi qu'il en soit, j'avais l'impression d'avoir dix ans de plus qu'eux, nous n'étions plus, mais plus du tout sur la même longueur d'onde...

Une fois l'euphorie du retour passée – une petite semaine – je me suis remis tout de suite au travail, j'en éprouvais le besoin pour m'aider à oublier, douze à quatorze heures par jour sans relever la tête, et après une douche j'enfourchais mon scooter! Ah, mon bon scooter! Il m'avait sagement attendu sous sa housse. Dès lors, ma vie fut faite de travail et d'une succession de sorties en discothèque, de danses jusqu'à minuit une heure, tous les samedis soir à Saint-Germain-des-Prés, rue Saint-Benoît, au *Bilboquet*. J'y côtoyais de loin Johnny et Sylvie, Carlos gérait le bistrot d'à côté, Nicoletta chantait sur les marches d'un autre bistrot rue des Cannettes, ou j'allais au Saint-Hilaire, chez François Patrice, vedette du yéyé à l'époque, et aussi chez Régine, la boîte chic fréquentée par la jeunesse dorée du 16e arrondissement. Nous dansions le rock, le bop et le madison jusqu'à l'aube, sans jamais abuser d'alcool toutefois, étant plus adeptes du coca ou du Perrier citron en général. En somme j'avais un besoin absolu de vivre intensément, certainement de m'étourdir, mais évidemment cela ne suffisait pas pour me faire oublier les années douloureuses, je crois qu'une thérapie m'aurait fait le plus grand bien, mais à l'époque je n'avais jamais entendu prononcer ce nom.

Bref, me voici libéré de l'armée, enfin! Merci mon Dieu, des illusions en moins, ou pour rester positif une expérience de plus. Mais ma réintégration fut périlleuse. J'étais lucide, je voyais le regard de mon père, noyé de chagrin, et ma jeune sœur Marie-Josée, adorable, pleine de tendresse, et ma mère avec son amour inconditionnel pour ses enfants. De fait, toutes les deux et, à sa façon, la complicité de mon père, m'ont été d'un grand secours, et m'ont énormément aidé à réussir mon retour – sans eux trois je ne sais pas comment se serait passée cette réinsertion dans une vie civile disons possible, à peu près viable. Nous avons tous passé des heures à parler, à dialoguer, à extraire de moi ce que j'avais vu et vécu durant ces trois années en Algérie, sans jamais entrer dans les détails les plus douloureux.

Ma mère et ma sœur en quelque sorte ont su être mes thérapeutes – avant l'heure... Comme l'écrit Shakespeare, *On peut faire beaucoup avec la haine, mais plus encore avec l'amour*.

Au bout du compte, ces années en Algérie m'ont appris qu'il me fallait donner un sens à ma vie, aimer intensément l'existence.

Elles ont provoqué chez moi une soif d'être pleinement, et de vivre passionnément chaque instant, en me répétant sans cesse : *Quelle chance j'ai eue! Merci, oui, merci mon Dieu!*

Que vient faire Dieu dans ce récit? Pendant cette guerre j'avais pourtant assisté à tellement d'horreurs et d'injustices... Mais c'est ainsi : intérieurement j'avais la foi, je ne doutais pas, et cette foi me servait de socle, de bouclier, d'apaisement. Je me disais parfois simplement : La foi en soi, la foi en Dieu, c'est comme le sucre dans le café, on ne le voit pas, et pourtant quand il n'y en a pas le café n'a pas le même goût.

Plus tard il m'est d'ailleurs arrivé de dire, n'oublions pas de mettre un sucre dans notre vie, en encourageant les amis à faire de même!

Je l'ai dit, ma grand-mère –Mamie Nova – la généreuse, était morte pendant mon temps en Algérie, elle avait soixante-huit ans. C'était une sainte femme, je peux dire qu'elle a vécu sa vie de labeur sans jamais se plaindre. Elle éleva ses deux filles. Et si ma mère est restée en France, sa sœur, elle, s'est mariée avec un soldat américain quelques mois après la Libération. Ce fut le premier mariage entre une Française et un Américain en France, vous pouvez faire les recherches, Orin Shools et Madeleine Cnops. Puis le couple est parti vivre en Californie, à San-Leandro, je me souviens encore des super-colis de Noël qu'elle nous envoyait chaque année. C'était toujours un grand moment de joie et d'émerveillement pour nous tous. Il faut dire que dans les années 50 les oranges et les mandarines faisaient toujours partie des cadeaux qu'on trouvait sous le sapin de Noël... Je revois encore cette mini-voiture rouge, avec une boîte à musique qui imitait la radio et dont les roues avant étaient mobiles. On la remontait pour lui permettre d'avancer et pour entendre la musique, un cadeau somptueux pour l'époque! Lorsqu'elle est revenue avec son fils Garry en 1965, venant de Californie elle a eu l'impression de retourner au début du siècle! Elle ne retrouvait plus ses repères et se posait la question : pourquoi la France n'avait-elle pas progressé à l'image des États-Unis? Les réponses à cette question, à vrai dire, demeurent encore sans réponse, et dans de nombreux domaines la France a toujours deux, voire trois décennies de retard sur les États-Unis. Vous me direz que si c'est pour bénéficier de leur *cancel culture* et effacer la tradition, nous ne sommes pas pressés...

Après avoir repris le travail pendant quelques mois avec mon père, je décidai de vivre ma propre expérience professionnelle en allant travailler ailleurs, chez mon ancien employeur.

Et pendant deux ans je travaille à Pontoise, dans une entreprise d'installation de chauffage central. Parallèlement, je m'inscris à des cours par correspondance à l'*École Technique Moyenne Supérieure de Bruxelles* pour apprendre à calculer les diamètres et les bases permettant d'évaluer les besoins caloriques nécessaires pour chauffer correctement une habitation... Je fais donc à nouveau Beaumont-Pontoise-Beaumont en scooter deux fois par jour, par tous les temps.

À cette même époque, soit dit en passant, je fais la connaissance du patron d'un centre équestre, M. Mac Grath, installé en haut de l'avenue des Bonhommes à l'orée de la forêt de L'Isle-Adam, nous sympathisons, j'apprends rapidement à monter, ça me plaît beaucoup, et quelques mois plus tard, j'accompagne tous les dimanches des groupes en forêt. Par la suite j'ai même participé à des concours complets...

Et puis au bout du compte, fort de ces deux années d'expérience professionnelle, je décide de développer cette activité dans le cadre de l'entreprise familiale et j'embauche deux personnes, car le poids des chaudières et des radiateurs, en fonte à l'époque, était tel qu'il était impossible de travailler seul. Pendant trois ans, tout a bien fonctionné. Les commandes affluaient, et j'ai même dû embaucher cinq autres ouvriers et cinq apprentis. En plus j'ai suivi plusieurs stages de formation chez Francia pour le montage et le dépannage des brûleurs à fuel.

Mais j'ai vite appris ce que voulait dire démarrer une petite entreprise sans trésorerie ! L'affaire de mon père n'allait déjà pas très bien, c'était un homme de terrain, et non pas de bureau, il travaillait beaucoup, mais malgré les relances permanentes de ma mère, il négligeait toujours de faire les factures. Tant et si bien que les dettes s'accumulaient, les emprunts se succédaient.

Pire, dans le cadre de la succession de sa mère, ma grand-mère paternelle, mon père avait dû contracter un emprunt notarié au taux exorbitant de 14 %, huit cent mille francs en 1964, en attendant que l'État paie les deux hectares de terrain à bâtir expropriés pour réaliser des HLM en plein centre de Beaumont, à côté du commissariat. Lorsque ce paiement est arrivé, après cinq ans de procédures, le montant versé était huit fois inférieur à la valeur d'origine, et l'emprunt notarié n'a donc pas pu être remboursé comme prévu.

De plus mon jeune âge – tout juste vingt-quatre ans – ajouté à mon arrogance, faisait que je croyais que le monde n'allait pas tarder à m'appartenir ! Cette audace de jeunesse n'était pas faite pour rassurer le banquier. Si bien que dès qu'un client tardait à payer c'était le déséquilibre, la gestion était en flux plus que tendu. Malgré tout, après quelques mois d'activité, c'était bel et bien près de vingt personnes, apprentis compris, qui partaient chaque matin au travail avec le matériel sur les différents chantiers – pour être précis quinze ouvriers plus trois couvreurs et deux apprentis. Sachant notre père très malade, mon frère aîné, qui avait émigré au Canada comme cuisinier, est revenu pour m'aider. Ensemble, nous avons rayonné à quinze kilomètres à la ronde. C'était trop beau, ou plutôt ce n'était probablement pas mon destin de continuer sur cette voie, bien que le changement n'ait pas été facile...

Arrive alors Mai 68 et ses grèves générales, entraînant une paralysie totale de la France. Et nous voilà contraints d'aller de nuit en Belgique afin de nous approvisionner en essence et en fuel pour aller sur les chantiers. Très vite, c'est l'impossibilité totale de se procurer le matériel indispensable. Et notre jeune entreprise, privée de toute marchandise comme toute la France pendant les évènements, se retrouve dans l'impasse : les banques bloquent en effet le peu de découvert autorisé, et comme pour la majorité des entreprises il devient impossible de travailler. Seules ont réussi à survivre les plus importantes, celles qui possédaient une trésorerie ou suffisamment de dettes auprès de leur banque pour qu'elles soient obligées de les soutenir. Par principe, et surtout humainement, à l'époque on ne pouvait pas mettre les ouvriers au chômage aussi facilement qu'aujourd'hui, dans une petite ville de trois mille âmes, c'eût été honteux... C'est ainsi qu'après avoir occupé durant plusieurs semaines le personnel à diverses tâches, rangement, nettoyage et entretien du matériel, les caisses se sont vidées, et comme bien d'autres nous avons dû nous résoudre à fermer boutique ! Cependant nous étions certains qu'il s'agissait d'une mauvaise passe et que les beaux jours reviendraient. Hélas ! la crise a duré beaucoup plus longtemps que nous ne l'imaginions, et le remboursement de la créance ajouté aux intérêts, exorbitants je l'ai dit, de l'emprunt notarié est devenu insurmontable !

Cette même année notre père est tombé très malade, et après plusieurs mois passés dans un fauteuil il est décédé d'une hémorragie cérébrale à cinquante-deux ans. Il est vrai que la disparition de son frère à la fin de la guerre l'avait terriblement marqué, ils étaient très liés, et c'est peut-être pour ça qu'il fumait beaucoup, beaucoup trop. Son médecin l'avait prévenu maintes fois, rien n'y faisait, il avait toujours une pipe ou une cigarette à la bouche. En revanche il ne buvait jamais d'alcool, d'ailleurs le vin à la maison brillait par son absence.

Le notaire, excellent chrétien que je connaissais bien depuis l'époque où j'étais enfant de chœur, venait se confesser tous les samedis soir pour se faire pardonner les arnaques de la semaine, afin de pouvoir communier en paix à la messe le dimanche matin devant nous tous! Toujours est-il que ledit notaire exigea le remboursement de l'emprunt, ce qui me contraignit à déposer le bilan de la société, puis, étant caution tant auprès de la banque que de l'administrateur judiciaire, à mettre l'entreprise en liquidation.

Et je dus négocier avec l'administrateur judiciaire pour sauver momentanément le commerce et l'habitation de ma mère...

Ainsi, plein de bonne volonté et fort de ma grande inexpérience j'avais voulu reprendre l'affaire. Mais je n'avais que vingt-six ans, et ne pouvant combler le trou financier je n'ai fait que l'agrandir. C'est une expérience dont je me serais bien passé. Le monde judiciaire est à fuir, rien ne semble humain. Il faut, hélas, en passer par là pour comprendre que nos lois sont appliquées en fonction de la classe sociale de chacun : *Que tu sois riche ou pauvre, la justice sera blanche ou noire*. C'est une chose à ne pas oublier...

Toujours est-il qu'au printemps 1969 je me retrouve ainsi sans travail et avec des dettes importantes sur les bras. Et je devais impérativement apporter de l'argent au syndic pour que la maison de ma mère, qui s'était portée caution de l'emprunt notarié, ne soit pas vendue.

Alors pendant un an j'ai été animateur de ventes au Comptoir Moderne de l'Équipement – vente d'électroménager et de meubles – géré par une société spécialisée dans la reprise d'affaires en dépôt de bilan, la société ORACO. Le patron est parti avec la caisse des vingt magasins, le trente du mois, en ne payant personne, pas plus les fournisseurs que les employés. Du jour au lendemain, plus de travail! Pas de diplômes, pas de relations sur qui je puisse compter. En un mot, chômeur !

Certains diront que l'inscription aux Assedic permettait de maintenir la protection sociale, et que c'est pour cette raison qu'il fallait en passer par là. Pour ma part, c'était d'abord pour survivre, car, n'ayant pas été payé par mon dernier employeur depuis trois mois, j'étais sans un sou en poche. Pire, avec huit cent mille francs – de l'époque – de dettes ! Dur pour l'amour-propre, pour moi qui me croyais invincible, d'aller s'inscrire dans ces bureaux, dur d'aller pointer et de faire la queue parfois pendant plus de trois heures ! Refusant cette situation, par orgueil autant que par suite de l'éducation que j'avais reçue, je suivais toutes les pistes pour retrouver du travail. De petites annonces en appels téléphoniques, en passant par le débarquement spontané chez des employeurs potentiels, j'ai tout fait. Je m'apprêtais même à reprendre le chemin du bâtiment, car heureusement mon père m'avait donné un métier. C'était très important pour moi, comme refuge. Je sentais comme un bras qui me soutenait quand je pensais que je pouvais revenir travailler sur les chantiers. J'ai appris qu'il ne faut jamais perdre espoir, lorsque le soleil se couche, les étoiles apparaissent en attendant un jour nouveau.

J'ai galéré pendant plus de trois mois. J'ai, entre autres, vendu et livré des chips *Vico* chez les charcutiers, je livrais le matin de très bonne heure les commandes que je prenais la veille boulevard du Montparnasse chez un revendeur. Cet employeur a bien failli lui aussi oublier de me payer, mais comme j'encaissais les factures je me suis payé directement à la source. Cette période n'a pas été rose, mais elle m'a appris une chose importante : il faut garder sa fierté quoi qu'il arrive...

Et ça me rappelle une petite histoire. Je ne résiste pas à l'envie de vous la raconter, tellement elle est réaliste, vous la connaissez probablement : *Un jour, un petit oiseau tomba du nid. Ayant très froid et très peur, il piaillait si fort qu'une vache qui ne paissait pas très loin de là s'approcha et lui dit : "Pourquoi crier si fort, tu vas attirer le renard", "Mais j'ai froid" répondit l'oisillon. Eh bien, dit la vache, je vais te faire une grosse bouse et te mettras dedans pour te réchauffer en attendant le retour de ta maman. Ce qui fut fait. L'oisillon, très heureux dans sa bouse, était tellement bien qu'il piailla de plus belle, mais cette fois de joie. Un renard, attiré par ces cris s'approcha doucement et le mangea!* La morale de cette triste histoire est que ce n'est pas toujours celui qui te met dans la m... qui te veut le plus de mal, et que ce n'est pas non plus celui qui t'en sort qui te veut le plus de bien. Dans tous les cas, si on est dans l'embarras, on ne doit surtout pas le crier sur les toits, on la ferme et on se débrouille tout seul!

C'est très dur à mettre en pratique en fonction du caractère qu'on a et de sa propre foi en l'amitié, mais vous constaterez comme moi que si vous n'avez besoin de rien vos amis n'auront rien à vous refuser. Les vrais, vous les compterez sur les doigts d'une main, et ils répondront présents sans que vous leur demandiez quoi que ce soit. L'amitié permet de ressentir le besoin d'un être cher sans qu'il soit besoin de rien dire. Évitez toujours de mélanger amitié et argent! Je suis convaincu que les deux mots s'opposent, ils sont incompatibles, quelles que soient les circonstances. Je ne voudrais pas que vous me preniez pour un pessimiste, il faut croire à l'amour entre les êtres, j'en suis persuadé. Mais il ne faut surtout pas demander à autrui de faire face à vos propres responsabilités, c'est à vous seul de réparer vos erreurs, d'apprendre à vous relever, fort de vos échecs. J'ai compris que bien souvent les routes difficiles mènent à de belles destinations, la suite vous en donnera la démonstration.

Comme vous le savez, la franc-maçonnerie a tenu une grande place dans ma vie. J'y suis entré avec le désir de découvrir une solidarité solide et bien réelle entre ses membres. Et j'ai mis plusieurs années à comprendre que nous bâtissons nous-mêmes notre Temple intérieur, et qu'il est impossible de demander à un autre de le faire à notre place. Là comme ailleurs, on apprend à aimer, à pardonner, à être tolérant devant l'intolérance quasi générale. Un jour, vous découvrirez de la même façon des gens semblables à vous, des gens qui recherchent également à unir leurs forces aux vôtres pour le bien commun. Faites un bout de chemin ensemble, mais ne restez pas enfermé avec eux, élargissez votre sens de la communication à d'autres, partagez vos questions et vous constaterez que beaucoup recherchent la même chose. Mais laissez toujours les métaux à la porte de vos discussions, ne parlez ni d'argent ni de religion, et vous verrez comme il sera bon de vous retrouver régulièrement. Vous prendrez la vie au sérieux sans vous prendre au sérieux... La franc-maçonnerie est le levain du pain qui partage l'amour parmi les Humains et les fait rayonner.

Pardonnez mon escapade, j'en reviens à ma recherche d'emploi : comme dans l'histoire du petit oiseau, j'ai continué seul ma démarche, et ma galère s'est arrêtée grâce à...

Peu après la vie m'a offert une chance inimaginable : dans le cadre du tennis que je pratiquais assidûment, j'étais devenu membre de l'International Club du Lys à Lamorlaye, à quelques kilomètres de Chantilly. Là, j'ai côtoyé Georges Deniau avant qu'il ne devienne l'entraîneur de l'équipe de France, et aussi quelques joueurs stars comme Pierre Darmon, longtemps premier joueur de France – que j'avais connu d'abord comme client de l'entreprise, nous avions réalisé l'installation de son chauffage ainsi que la plomberie de sa chaumière à quelques mètres du club, et c'est lui justement qui m'avait parrainé pour entrer au club. Jouant un petit trente, il m'a présenté à Érick Van-Galen., mon aîné d'une quinzaine d'années, passionné de tennis comme moi, et il m'a demandé d'être son partenaire, ce fut une longue, belle, et fructueuse amitié. Je fis également la connaissance de sa famille, notamment de son épouse Willemette – décédée dans l'accident de l'avion à Athènes qui transportait un groupe, tous membres du *Business Maxim's Club* de la rue Royale à Paris – et de leurs trois filles, Nicolette, Karen et Ingrid. Ils habitaient une magnifique chaumière dans la 7e avenue du Lys de Lamorlaye dans l'Oise, à deux cents mètres du club, et j'avais aidé Erik à installer un sauna dans son grenier. De ce fait, un rituel s'était instauré, chaque week-end, après avoir joué sans relâche sur les courts de tennis nous partagions le sauna, et après une demi-heure de relaxation nous nous retrouvions dans le grand salon pour prendre l'apéritif dans un premier temps, puis au fil des mois le dîner. Lorsque nous étions entre nous, l'ambiance était familiale, j'avais été adopté. Tous dans cette famille m'ont énormément apporté pour compléter mon éducation, ils m'ont accompagné, guidé dans le monde, appris à me tenir à table, à discuter des sujets les plus divers, mais aussi à observer, à me taire alors que je croyais tout savoir sur tout. De plus, pour cette famille d'origine hollandaise qui avait longtemps vécu aux USA, le fait d'avoir dû déposer le bilan de ma société était considéré comme une expérience positive, contrairement au jugement de l'esprit français ! Du coup, ensemble, ils me donnèrent confiance dans mon avenir.

Apprenant que j'étais en recherche d'emploi, Erik me proposa d'emblée de commercialiser la marque *Hydrotherm* en France, qui appartenait au groupe américain *Automation Industrie* dont il était le président pour l'Europe. *Hydrotherm* fabriquait des chaudières de chauffage central fonctionnant au gaz et des appareils de régulation. L'usine de fabrication se situait à Darmstadt en Allemagne, le patron était allemand, et c'est là, en 1970, que j'ai découvert combien certains pouvaient encore nous détester. Mais je reconnais humblement ne pas être totalement objectif du fait de la souffrance subie par ma famille avec l'exécution de mon oncle par les Allemands. Je passe sur la réaction de ma mère lorsque je lui ai annoncé que j'allais travailler pour un patron allemand, même si la société mère était aux États unis, elle a eu beaucoup de mal à encaisser, mais nécessité oblige...

Quoi qu'il en soit, le lendemain suivant notre conversation, un lundi, sans plus attendre j'étais dans ses bureaux, un bel hôtel particulier en fond de cour, au 52 avenue de Neuilly, afin d'établir les bases d'un contrat avec son service juridique. La réponse n'a pas tardé : le boss de ce département me fixait rendez-vous dès son arrivée des États-Unis, la semaine suivante.

Mon contrat était on ne peut plus simple, à l'américaine : salaire minimum plus intéressement sur les ventes. Un petit hic se révéla vite : les chaudières étant fabriquées en Allemagne, elles n'avaient pas l'agrément NF – Normes Françaises. Or, seul Gaz de France pouvait accorder cet agrément, donc autoriser leur commercialisation en France. Néanmoins, condamné à réussir coûte que coûte, je me suis lancé dans l'aventure ! Et l'aventure devait durer cinq ans, jusqu'en 1974 donc.

Je vous passe volontairement les détails de la suite. Les complexités administratives furent surmontées, y compris le déplacement de l'équipe d'ingénieurs Gaz de France à Darmstadt, dans la province de Hambourg, destinée à visiter le site et à dialoguer avec les ingénieurs de l'usine. Toujours est-il que sept mois plus tard, pour moi sept mois au SMIG en l'absence de toute vente, les chaudières – qui étaient devenues « mes » chaudières – étaient agréées NF par le laboratoire de Gaz de France de la Plaine Saint-Denis ! L'aventure pouvait donc commencer, et quelle belle aventure ! Vous allez comprendre pourquoi j'ai de la chance, et la chance attire la chance, oui, et nul ne peut atteindre l'aube sans passer par le chemin de la nuit, encore faut-il l'accepter en restant positif coûte que coûte.

Mon travail consistait à sillonner l'hexagone pour présenter mes chaudières chez les grossistes en bâtiment et autres bureaux d'études. Je mettais en avant leur souplesse, en effet elles pouvaient être jumelées entre elles et ainsi répondre aux besoins les plus étendus, du pavillon à l'immeuble de quelques dizaines d'appartements – ce jumelage permettant de réaliser des économies d'énergie non négligeables. Après ce premier tour de France commercial, je demandai à revoir mon président américain afin de lui rendre compte du réel potentiel qu'offrait le marché français. En effet, Gaz de France était déjà très en pointe sur la recherche concernant les économies d'énergie. Mon président comprit très vite et, séduit par les perspectives commerciales que je lui apportais, me donna carte blanche pour contacter tout partenariat technique susceptible de permettre la signature d'accords favorisant le développement des ventes.

En fait mon président ignorait l'importance réelle du potentiel exceptionnel que représentait Gaz de France, et il n'imaginait pas une seconde le nombre exponentiel de chaudières que nous allions avoir à vendre... moi non plus d'ailleurs ! Il m'assura qu'il n'y aurait jamais de problème de production, puisque l'usine basée à côté de Hambourg pourrait produire toutes les quantités souhaitées. Ce fut effectivement le cas durant la première année de commercialisation, mais très vite les délais de fabrication et de livraison passèrent de deux à six mois dès lors que les modèles furent exposés dans plus de cent boutiques Gaz de France ! Ce qui provoqua une envolée phénoménale des commandes. Une chance extraordinaire !

Et donc de mes émoluments ! En effet, mon contrat avec mon employeur stipulait : salaire minimum avec 12 % d'intéressement sur le chiffre d'affaires, pourcentage non révisable, et ce pour une première période de cinq ans renouvelables. Mais justement, au terme de la cinquième année d'exercice, à la demande du directoire fut organisée une grande réunion au sommet pour revoir mon contrat... Le président pour l'Europe, qui voyait les ventes en France égaler puis largement dépasser ses propres ventes en Allemagne, m'annonça, après de multiples compliments, que mon contrat était arrivé à son terme et que nous devions trouver un accord pour la suite de notre collaboration.

Je passe sur les heures de discussions mercantiles qui ont occupé la journée! Sans parler de l'agressivité du sieur Jugheim, le boss allemand, probablement due à l'envolée de mes rémunérations. Toujours est-il que j'ai fini par refuser l'arrangement qui consistait à accepter que mon revenu soit divisé par quatre – mon intéressement passait de 12 à 3 %! Par mon orgueil, par mon impétuosité, je me suis retrouvé avec un chèque confortable en poche certes, mais sans emploi! À vrai dire, j'étais tellement certain d'être protégé par l'importance de mes ventes et des réseaux que j'avais mis en place que j'avais l'impression d'être devenu incontournable, en quelque sorte intouchable! Je me figurais que mes revendeurs me réclameraient! Quelle prétention! La vie devait m'apprendre que nul n'est indispensable et que seules la qualité et la spécificité du matériel proposé étaient capables de fidéliser les acheteurs, mais pas moi évidemment!

Mon chèque en poche, je suis donc sorti un peu sonné de me retrouver dehors, devant le 52 avenue de Neuilly, précisément là où l'aventure avait commencé, là où la chance m'avait ouvert grandes ses portes cinq ans plus tôt.

Quelques heures plus tard nous avons dîné, Erik mon mentor et moi, au *Business Maxim's Club* de la rue Royale. Il m'a longuement expliqué que je ne devais pas m'inquiéter pour mon avenir, étant donné l'expérience acquise et les résultats obtenus pendant ces cinq ans au sein du groupe, que je retrouverais bien vite un travail, et qu'il me recommanderait. Que je pouvais compter sur lui comme il a pu compter sur moi lorsque je l'ai approvisionné en fuel pour chauffer sa maison en 1968, fuel que l'allais chercher de nuit en Belgique...

Avant de nous séparer, je l'ai longuement remercié pour cette immense chance qu'il m'avait offerte cinq ans plus tôt.

Et le lendemain matin – j'avais pris un petit studio près des bureaux que j'avais ouverts pour Hydrotherm en haut de la rue de Crimée, face aux Buttes-Chaumont dans le 19e Arrondissement – après avoir fait mon jogging dans le parc et pris ma douche, je suis allé chercher la presse au kiosque d'à côté, bien décidé à trouver un job sans plus tarder. Je consultai les petites annonces, lorsque l'une d'elles attira mon regard : *Devenez conseiller sur les Marchés Internationaux des Matières Premières en Bourse du commerce. Formation gratuite assurée.*

CHAPITRE 4

La croisade de la moralisation des marchés à terme de matières premières

Comme on entend dire souvent, *Hier est derrière, demain est un mystère et aujourd'hui un cadeau, c'est pour cela qu'on l'appelle le présent.*

Et moi c'est bien ce que j'avais sous les yeux, écrit noir sur blanc : *Devenez conseiller sur les Marchés internationaux…*

Quelle annonce alléchante ! N'ayant rien à perdre, je m'empresse de téléphoner. Une voix charmante me confirme les termes de l'annonce et me fixe rendez-vous le soir même pour un entretien préliminaire de sélection des candidats avant la réunion de présentation officielle, laquelle aura lieu dans trois jours en présence du président de la charge et de ses fondés de pouvoir.

Je pensais bien être éliminé dès la première minute quand il me faudrait sortir des diplômes qu'on ne manquerait pas de me demander, alors je commence à me fabriquer un bac manqué de peu, et donc l'arrêt de mes études… Et puis zut ! on verra bien, ils me prendront comme je suis ! Ou j'irai voir ailleurs.

À l'heure fixée, je me présente donc au 27, rue Jean-Jacques Rousseau dans le 1er arrondissement, dans les bureaux du plus important Commissionnaire agréé. Juste en face du bâtiment circulaire de la Bourse de commerce, rue de Viarmes, édifice imposant, superbe, auquel une première rénovation a redonné une partie de sa splendeur en 2005, celui-là même qui profite des travaux d'une exceptionnelle ampleur engagés par François Pinault.

Accueil tout aussi sympathique qu'au téléphone, on m'offre un café, et je suis reçu par une femme d'une soixantaine d'années, élégante, très vive, qui me demande : *Qu'avez-vous fait jusqu'à maintenant ?* et j'explique, en arrangeant les choses bien sûr, et en laissant de côté mes activités de plombier : impensable dans les bureaux de style anglais d'un commissionnaire agréé qui, d'après mon interlocutrice, était le petit frère en Bourse de commerce des Agents de change à la Bourse des Valeurs. Et, après avoir rempli les quelques cases d'un questionnaire, je dois dire basique, elle me déclare qu'elle est d'accord pour me prendre dans son équipe, et que je suis admissible sans autres formalités, à ses frais, au stage de formation qui aura lieu à cette même adresse la semaine suivante. Ensuite je bénéficierai des services, conseils et assistance de son mari, Jacques Lestage, premier fondé de pouvoir de la charge. C'est lui qui gère le groupe de *remisiers* – puisque c'est ainsi que désormais j'allais m'appeler – dans lequel j'allais faire mes classes.

Un peu surpris, je suis ressorti avec néanmoins l'envie de poursuivre naïvement mon chemin dans la découverte de ce que j'imaginais être les arcanes et les mystères de la finance. Une chance, elle ne m'avait pas demandé de diplôme. J'ai compris pourquoi après...

Avec beaucoup de sérieux, j'ai suivi les deux semaines de stage, à la Bourse s'il vous plaît, avec de grands financiers qui arborent cravates et pochettes Hermès, costumes Francesco Smalto, limousines Jaguar et Bentley. Le décor est planté, un peu trop même, car je me demande ce que je fais au milieu de ces milliardaires. Je comprends que le prix des marchandises monte et descend. Ce que j'ignorais c'est qu'il était possible pour des particuliers qui avaient un besoin réel de faire fructifier leurs capitaux de rentrer dans cette valse financière, généreusement ouverte par les professionnels utilisateurs ou producteurs de ces marchandises. On m'expliqua bien que les risques étaient mesurés grâce une méthode basée sur des chartes – des graphiques pour les non-initiés. Il me suffirait, si je réussissais à l'examen final, de trouver des clients porteurs de capitaux pour mieux comprendre, sous la tutelle de mon fondé de pouvoir, les mécanismes de ces marchés à terme de marchandises, sucre, café, cacao, soja, etc. Pendant le stage, j'ai donc appris la liste des pays fournisseurs avec leurs productions, la consommation annuelle mondiale, etc. Je commençais à croire que réussir cet examen était possible, et j'avais raison, sur trente candidats nous avons été quatorze reçus, j'ai compris bien vite que les autres ne devaient pas avoir de potentialité d'apporter des clients...

Ma carte professionnelle en poche, le lundi matin suivant je me présente à nouveau au 27, rue Jean-Jacques Rousseau dans les bureaux de ce mécène qui acceptait de me prendre sous sa responsabilité, moyennant la moitié de mon revenu tout de même – c'est-à-dire en réalité la moitié des commissions sur les opérations de mes clients – et qui était installé dans une grande salle avec une douzaine d'écrans et douze personnes affairées à surveiller je ne sais quoi. Il me plaça immédiatement sous l'autorité d'un leader, Olivier Delannoy, un ancien steward d'Air France. Il voulait éviter, disait-il, qu'à la vitesse où il fallait intervenir sur les marchés, mes futurs clients ne passent à côté d'opportunités de gains à saisir.

Ma première journée s'est très bien passée, avec café toutes les deux heures, et exemple de démarchage de clientèle par téléphone. Il me suffisait de déclarer avec conviction à mon interlocuteur : *Je suis conseil agréé sur les marchés internationaux de matières premières, je souhaite vous rencontrer pour vous présenter les nombreuses possibilités qu'offrent ces opérations financières. Je vous propose un rendez-vous d'information. Votre nom m'a été donné par la chambre de commerce de Paris, laquelle a le contrôle des marchés.* Et ça marche six fois sur dix, c'est incroyable. Je décroche quatre rendez-vous dès le premier jour.

Mes journées suivantes se passent en recherche de clientèle, avec l'assistant de mon tuteur. Il m'explique qu'il a abandonné sa carrière à Air France pour entrer à la Bourse, après avoir fait plusieurs fois le tour du monde il n'avait plus rien à en attendre. Sur ce terrain-là, lui et moi étions des pionniers, il fallait faire connaître les marchés à terme à cette foule de détenteurs de capitaux dont les pertes étaient considérables compte tenu des taux d'inflation de l'époque. Je buvais ses paroles en pensant tout de même que si c'était si simple il y aurait la queue devant la Bourse de commerce. Je prends donc les rendez-vous, et l'assistant de mon tuteur fait les dossiers d'ouverture de comptes après avoir baratiné les interlocuteurs. Dès le premier mois, j'ai cinq clients, pour environ cinq cent mille francs d'investissement. Malheureusement ça ne dure pas. Mon tuteur achète du cacao, le cacao descend. Il en vend le double, les cours remontent... Après consultation des télex de Reuters et une réunion du groupe d'information, il déclare : *C'est une réaction technique du marché, il faut profiter du mouvement de baisse, on vend tout !* Le cacao remonte le soir même, la perte de mes clients est multipliée par deux !

J'ignorais tout de la Bourse. J'ai appris, mais à mes dépens. En une journée par exemple, j'avais gagné plus de trois mille francs, et ça en 1974 ! Mon client, lui, n'avait pas eu cette chance. D'après mon leader qui, lui, avait gagné quatre mille francs – dont mille deux cents sur mon compte –, ces coups durs arrivaient et il fallait savoir expliquer à son client que les marchés en Bourse n'étaient pas la Caisse d'Épargne.

Si cette fois nous avions loupé le mouvement, il rattraperait ses pertes aussi vite, car ce qui était possible dans un sens l'était évidemment dans l'autre. La réalité est qu'en suivant les conseils de ces messieurs j'ai couru après les cours pendant quinze jours, j'ai acheté et revendu des tonnes et des tonnes de café et de cacao, et qu'aucune de ces opérations n'avait seulement couvert les frais, bien au contraire, comme vous allez le découvrir.

Alors j'ai pris conscience de la brutalité de la réalité, j'ai ouvert les yeux : ces marchés ne sont que des miroirs aux alouettes. Ils recherchent des gogos dans mon genre, ou mieux encore, avec un nom à particule, ça fait mieux dans la finance, pour rabattre dans les caisses de ces professionnels une partie de l'épargne publique. Les financiers, les vrais, connaissent les risques, et se gardent bien d'intervenir à la Bourse de commerce. Les autres vont du PDG au petit commerçant qui a vendu son fonds, et aussi d'un autre monde, celui de la confection, du Sentier à l'époque par exemple, des joueurs, de tous ceux qui ont une notion toute relative de la valeur de l'argent. Les opérations étant anonymes, elles attirent des investisseurs plus soucieux de blanchir de l'argent que d'envisager les risques du marché. Et pour ce qui est de blanchir, ils sont bel et bien nettoyés comme tout le monde, sauf bien entendu les comptes personnels des commissionnaires...

Je vous fais grâce des aspects techniques de toute cette activité, pour vous livrer mon ressenti immédiat, sur le moment. Le résumé de la formation que j'avais reçue revenait à recommander : Faites d'abord, en priorité, le tour de vos amis pour qu'ils ouvrent un compte, et nous nous occupons du reste ! Heureusement que je n'ai jamais approché mes relations pour les entraîner dans cette arnaque, ce que j'appelle, moi, un détournement de l'épargne publique !

Le reste? Il consistait à effectuer le plus grand nombre d'achats et de reventes sur les marchés puisque nous partagions la commission à 50 % avec le chef de groupe qui n'était autre que le mari de la femme qui nous avait recrutés. Bien évidemment nos clients, les amis des remisiers devrais-je dire, allaient faire fructifier leurs capitaux, pour la plupart leurs petites économies, d'une manière spectaculaire... C'est ainsi que je me suis retrouvé avec le titre et la carte professionnelle de remisier sur les marchés internationaux de matières premières (sic), mais sans la moindre envie d'engager mon petit pécule, encore moins mes relations, et surtout pas mes amis, dans ce qui m'apparaissait déjà plus ou moins comme une escroquerie, même si elle était cautionnée le plus légalement du monde par le ministère des Finances, du commerce et les divers gouvernements qui se sont succédés depuis la création de la Bourse de commerce.

Mais qui étais-je, moi, pour pressentir qu'il s'agissait bel et bien d'une arnaque?

Car voici, sommairement résumé, le principe de base d'un marché à terme sur divers types de marchandises, sucre, café, cacao, et autres matières premières non cotées à Paris, mais cotées sur les places de Londres ou de Chicago. En réalité il s'agit de placer son argent chez un commissionnaire agréé via l'intermédiaire que j'étais devenu, dans le but de participer aux fluctuations des cours de ces matières premières, ça, vous l'avez compris. Mais où les choses se compliquent c'est qu'il suffit de déposer 10 %, appelés *déposit*, de la valeur d'un lot : dix tonnes pour un lot de café ou de cacao, cinquante tonnes pour un lot de sucre. Or les cours fluctuent en fonction des conditions climatiques, économiques et sociales, dont l'influence se fait sentir aussi bien chez les pays producteurs que les pays consommateurs. Ce qui revient à dire que les fluctuations sont très importantes, voire volatiles. Et si ces dernières sont encadrées par des limites au-delà desquelles la cotation est suspendue, il est courant que dans une seule journée les cours fluctuent de 1 à 3 %, ce qui fait qu'avec une simple mise de 10 % de la valeur d'un lot le risque réel est multiplié par dix sur un seul point de fluctuation...

À cela il faut ajouter les frais d'enregistrement et les commissions des intermédiaires qui représentent 1 % de la valeur réelle du lot soit 10 % du déposit. Je ne suis pas joueur du tout, mais j'ai pensé immédiatement que dans un casino les chances étaient bien supérieures ! Vous devez savoir que *marché à terme* signifie que la livraison et le paiement de la marchandise sont différés dans le temps. Si vous prévoyez une opération de vente en misant sur la baisse des cours, il est possible par exemple de vous engager en juin par contrat à vendre, c'est-à-dire à livrer, un lot de marchandise pour le mois d'avril l'année suivante, mais bien entendu il vous faudra racheter ce contrat avant ladite date à un prix inférieur, et la différence sera votre bénéfice. Cependant, si les cours montent au lieu de baisser, vous devrez verser chaque jour la différence entre le cours de votre contrat et le cours à la clôture du marché...

Ce qui précède revient à vous dire que, face à des professionnels aguerris qui utilisent ces marchés pour se protéger des risques d'effondrement des cours au moment des récoltes, et des envolées en fin de stocks, ces derniers détenant la marchandise finale, leur intervention sur les marchés à terme compense leur risque sur la valeur de leur marchandise avant la récolte. Ce qui signifie que si le professionnel utilisateur de la matière première ou le producteur perdent sur les marchés, en contrepartie ils gagnent sur la marchandise et vice-versa...

On est loin du jackpot largement développé pendant le stage, et raconté aux clients pour les ruiner ! C'est une véritable escroquerie institutionnalisée, cautionnée par l'État à tous les échelons.

Comprenez que pour un petit bonhomme comme moi, découvrir

de telles manigances me paraissait impossible compte tenu des tutelles institutionnelles, l'honorable chambre de commerce et d'industrie de Paris, le ministère du Commerce et la direction du Trésor!

J'étais éberlué, et je m'en suis ouvert à un ami cadre supérieur dans une grande banque, et plus particulièrement spécialisé dans les circuits politiques. Il n'en croyait pas ses oreilles, alors il a contacté sur ce dossier un conseiller de la Présidence de la République. Et un soir que j'expliquais cette arnaque de l'épargne publique lors d'un dîner chez mon ami banquier, Henri Bouvet, qui fut élu par la suite Député du Limousin, l'un des invités m'a pris en aparté pour me dire en résumé : *Critiquer l'institution c'est facile, mais pourquoi ne pas faire en sorte de l'améliorer ?* Ignorant à qui j'avais affaire et quelles étaient ses fonctions, j'ai répondu : *Qu'à cela ne tienne ! À votre disposition !*

C'est ainsi qu'une semaine plus tard j'étais invité à la permanence de l'Élysée, à droite juste après le porche d'entrée, au premier étage au fond du couloir, où je retrouvai mon interlocuteur Philippe Aucouturier, un homme petit, la quarantaine, doté d'une personnalité affirmée, mais très sympathique, et portant l'uniforme type de l'énarque, blazer et pantalon gris clair. Préfet, il était alors le conseiller aux Élections du président de la République Valéry Giscard d'Estaing, qui venait tout juste d'être élu.

Il m'accueille très poliment, mais avec une certaine réserve. La pièce était sobre, mais chic, avec un bureau couvert de dossiers et une petite table ronde où étaient dressés deux couverts. Après un échange de politesses, nous sommes entrés dans le vif du sujet qui était l'objet de notre rencontre. Après en avoir longuement développé les mécanismes et exposé mon point de vue sur les dysfonctionnements des Marchés à terme de la Bourse de commerce, c'est-à-dire sur l'arnaque à l'épargne publique comme j'aimais à l'appeler, j'ai étayé mon propos de quelques précisions sur ce que je pensais des pratiques des professionnels, et mon interlocuteur, visiblement surpris, m'a alors déclaré : *Nous sommes informés de pratiques douteuses de certains acteurs sur ces marchés, et en effet beaucoup de plaintes sont enregistrées, mais de surcroît avec l'envolée des cours du sucre on peut s'attendre au pire !*

Conseiller politique du président Giscard d'Estaing, il n'avait peut-être pas compris le fond de l'affaire, mais il pressentait un risque de scandale pour sa majorité. Et notre conversation s'est prolongée fort tard, jusqu'aux alentours de deux heures du matin. Il est vrai qu'étant de permanence en tant que préfet, mon interlocuteur avait la nuit devant lui. Nous nous sommes séparés plutôt chaleureusement, après avoir fixé un nouveau rendez-vous pour la semaine suivante.

Vous imaginez mon enthousiasme lorsque, fièrement, je suis sorti de l'Élysée au volant de ma Mercedes 250 SL ! Dommage qu'à cette heure-là il n'y ait que des policiers pour me voir ! J'étais sur mon nuage, passé d'un mètre soixante-quinze à au moins un mètre quatre-vingt-cinq en quelques heures, déjà je cogitais sur la façon dont je pouvais m'y prendre pour me maintenir au sein des marchés afin de pouvoir m'attaquer aux arnaqueurs de l'intérieur.

Quelques heures plus tard, vers 10 h du matin, Philippe Aucouturier me rappelle pour me remercier et me dire combien le sujet lui semblait sérieux, ajoutant qu'il comptait vraiment sur ma collaboration et ma discrétion pour ne pas éveiller l'attention des professionnels. Et dans les jours suivants, il me fait rencontrer Emmanuel Rodocanachi, le conseiller auprès du président de la République chargé des Affaires agricoles et commerciales de la France. Je suis reçu dans un petit hôtel particulier, rue de l'Élysée, dans un bureau immense. En quelques mois j'avais bien appris ma leçon, mais je pensais, à tort, que le génie qui me faisait face en connaissait bien davantage sur les pratiques des professionnels de ce type de marché que l'humble remisier que j'étais, venu lui suggérer des réformes pour protéger l'épargne publique. J'ai été très surpris que cet entretien dure plus d'une heure et que je capte son attention si longtemps.

Après lui avoir révélé qu'il s'agissait bien d'une arnaque que j'avais découverte – il prit quatre pages de notes sur son cahier d'écolier petit format –, il m'a déclaré que, venant des Finances, il avait eu connaissance de certaines irrégularités, certaines malversations. Mais les professionnels ayant démontré le rôle indispensable des marchés à terme dans l'économie et la régulation des cours, il ne pouvait être question de toucher à cette véritable institution sans déclencher les foudres de certains politiques, protecteurs haut placés de ces professionnels. Il me promit de me contacter rapidement et me demanda de garder le silence sur cet entretien.

Trois semaines plus tard, j'étais dans le bureau du directeur du Trésor, rue de Rivoli, oui le ministère à cette époque était rue de Rivoli, la Pyramide du Louvre n'était pas encore en projet. Un bureau luxueux plein de dorures. J'étais sur une autre planète. Arrivé en voiture, sans chauffeur, je gare ma Mercedes aux côtés des voitures officielles, que des Renault 30 avec chauffeur qui me regardent comme un zombie, je monte l'escalier principal, m'annonce à l'huissier qui me prie de le suivre dans un petit salon d'attente.

À peine le temps de me remettre de mes émotions, il revient me chercher pour me conduire chez Monsieur de Margerie Sous-directeur du Trésor du temps de Jacques de Larosière. Ce dernier m'annonce immédiatement qu'il est d'accord avec ce que j'ai déclaré au conseiller de la Présidence : *La Bourse de commerce a besoin d'un grand coup de ménage à effectuer de l'intérieur avec l'aide de professionnels, dont vous êtes l'un des rouages actifs.* Tout cela d'un trait ! Le président de la Banque de Compensation des Opérations, le banquier chargé du contrôle des marchés était à ses côtés, ainsi qu'un homme de son cabinet, tous les trois acquiescent. Je passe sur les détails, consigne m'est donnée de monter une chambre syndicale. De rassembler donc les remisiers et de structurer cette profession qui apportait des capitaux privés sur ces marchés sans savoir où et comment ils disparaissaient et souvent d'où ils provenaient. Enfin, après presque deux heures d'échanges, il me certifie que des réformes profondes allaient être mises en place. Très fier de moi, je récupère ma voiture bien gardée – on ne risquait pas de la voler, ou du moins pas encore et pas ici...

Ce scénario du hasard me semblait incroyable ! Mais pour moi il n'existe pas de hasard : *Le hasard est le doigt de Dieu !* D'ailleurs à plusieurs reprises ce doigt m'a tellement apporté, durant ma vie tout entière, que j'estime qu'elle ne sera jamais suffisamment longue pour me permettre de rendre à Dieu ne serait-ce qu'une parcelle de ce que j'ai reçu ! Oui, je dis Dieu, mais pas celui des religions au nom desquelles toutes les guerres ont été faites. Tant de martyrs ont souffert et souffrent en faisant souffrir tant de gens autour d'eux encore aujourd'hui !

Quelques semaines plus tard, à l'heure convenue, me voici de retour à l'Élysée pour revoir celui que j'appelle mon préfet. Nous avons passé tout l'après-midi sur la rédaction d'une note interne, une grande première pour moi, relatant dans le détail, preuves en main, les pratiques, et surtout l'absence totale de contrôle des opérations par le ministère du commerce, dont il était la tutelle avec le ministère des Finances. En effet, les lots de sucre, de cacao ou de café achetés par les commissionnaires agréés à la corbeille pour le compte de leurs clients privés depuis le matin à dix heures n'étaient enregistrés que le soir après la fermeture des marchés à dix-sept heures, laissant ainsi la porte grande ouverte, pendant sept heures, à toutes les malversations quant à l'affectation des lots, avant de porter la feuille manuscrite des opérations à la Banque de Compensation... C'était en fait la pratique bien connue : le lot est gagnant, c'est pour moi, il est perdant, c'est pour le client ! Oui, c'est aussi simple, aussi grossier que ça ! Mon interlocuteur avait des difficultés à admettre que c'était bien comme ça que les choses se passaient... Avant de nous séparer, il m'informa qu'il souhaitait mettre en place un Comité de Contrôle, qu'une réunion avec de hautes personnalités allait rapidement être organisée, et qu'en conséquence il me fallait pouvoir me rendre disponible, étant donné la mission que j'aurais à remplir.

Et effectivement, quelques semaines après, le danger qu'il avait pointé du doigt sur les marchés du sucre s'est réalisé, même beaucoup plus violemment qu'on n'avait pu l'imaginer. Trois semaines plus tard, les cours du sucre ayant atteint des niveaux jamais égalés, ils se sont subitement effondrés, tant à Paris qu'à Londres et à New York...

Chaque jour les limites de fluctuation des cours fixées par les règlements étaient atteintes dès l'ouverture des marchés. Il était donc impossible pour les opérateurs de sortir de leurs positions, mais surtout ils devaient verser chaque jour au Commissaire agréé la différence entre le cours arrêté à la clôture et le cours de leur propre position. C'est ce qu'on appelle *l'appel en marge*. Pour prendre un exemple concret, un client a vendu un lot de sucre à 2 000 € la tonne ; si le soir le cours de clôture est à 2 045 €, la différence de 45 € la tonne sera multipliée par les 50 tonnes dudit lot, soit 45 € x 50 t = 2 250 € de perte ; à quoi il faut ajouter les frais de commission et d'enregistrement, 1 % de la valeur réelle du lot, soit 10 % de l'engagement ; ce qui dans notre exemple fait 245 € sur une somme engagée de 10 000 €, elle-même représentant 10 % de la valeur totale d'un lot de 50 tonnes à 2 000 €, soit 100 000 € ; la perte est donc de 2 250 € + 245 € = 2 495 € en un jour, différentiel à verser chaque jour, sans possibilité de sortir du marché dans la mesure où ce dernier atteignait ses limites réglementaires dès son ouverture...

La catastrophe annoncée est donc arrivée. Le marché du sucre a été fermé sur ordre du ministère des Finances malgré les pressions importantes et nombreuses exercées par les professionnels avec l'appui d'un grand nombre de politiques, particulièrement de ceux d'opposition au président de la République. Il a été estimé que près de quinze mille personnes avaient tout perdu. Certaines ont été complètement ruinées. Le prix du lot de cinquante tonnes de sucre ayant été divisé par cinq, cela correspondait à une perte de cinquante fois l'engagement sur un lot, pire que le casino en effet!

Via mon préfet élyséen, après deux années d'activité sur les marchés, je me suis retrouvé siégeant au sein de la Commission des Opérations sur les Matières Premières – on apprend vite lorsque nécessité fait loi... Quelque six mille dossiers de perdants ont été analysés, mais seuls trente pour cent d'entre eux avaient accepté de porter plainte. La plupart des autres étant intervenus avec des fonds en espèces ou via des banques étrangères se sont bien gardés de se manifester, au plus grand soulagement des commissionnaires agréés concernés.

Sur l'ensemble des six mille dossiers examinés, pas un seul gagnant! Pardon, il y eut un seul et unique gagnant du nom de... monsieur Bidon – ça ne s'invente pas! Ce monsieur Bidon, retrouvé par une commission rogatoire qui est remontée jusqu'à la banque suisse, appartenait en fait à un Commissaire agréé, professionnel Jacques Maurer spécialisé dans la clientèle privée, qui l'avait créé de toutes pièces pour couvrir ses opérations malfaisantes. En conséquence, il a fait quelques semaines de prison en compagnie de quelques autres congénères. En fait, ses gains provenaient de la contrepartie faite, face à ses clients...

De par mon appartenance à cette Commission j'ai participé à de nombreuses réunions, commissions et comités, tant au Sénat qu'à l'Assemblée nationale. C'est ainsi que j'ai rencontré Georges Conchon, écrivain et scénariste du film *La Banquière*, alors rédacteur en chef, entre autres, de la *Gazette du Sénat*. Je lui ai expliqué en quelques mots le sujet. Il a tout de suite compris le scandale. Et après avoir mené une enquête minutieuse, son livre *Le Sucre* est sorti, et a remporté un réel succès, comme le film sorti en 1978 d'ailleurs, avec Jean Carmet, Gérard Depardieu et Michel Piccoli... Même si les personnages y sont caricaturés, tous restent plus vrais que nature !

J'ai continué à travailler sur les marchés avec un maximum de prudence, et deux fois par mois je rencontrais mon interlocuteur de l'Élysée et les membres de la Commission. Sur ses conseils avisés, et sur ceux du Trésor en matière de droit, ce sont eux qui m'ont fourni les statuts pour me permettre de monter la *chambre syndicale des Mandataires sur les Marchés à Terme des Matières Premières*, ouf ! Pardonnez la longueur du titre, il ne fallait plus dire remisiers, ils allaient disparaître ! Dès sa création, deux cents membres la composèrent. J'ai été élu à sa présidence pour cinq ans. Après une année de relative tranquillité, les commissionnaires s'aperçurent que je cherchais à structurer effectivement en profondeur la profession, avec l'aide active des conseillers du ministère. Car il fallait impérativement faire cesser les recrutements sauvages tels qu'ils les faisaient jusque-là, et dont j'avais d'ailleurs fait partie. Le temps était révolu où un pompiste, pour peu qu'il soit bien habillé, pouvait entrer comme rabatteur, entraînant derrière lui les voisins de ses parents en leur racontant qu'ils pourraient enfin accéder aux opérations de Bourse réservées aux grands financiers, ceux qui gagnaient tellement d'argent, et si rapidement, sans se fatiguer, alors qu'eux avaient mis tant de temps, parfois toute leur vie, pour rassembler les vingt mille francs nécessaires à l'ouverture d'un compte. Quand d'autres, comme ces fils à papa issus de grandes familles, faisaient le tour des relations des parents en leur précisant qu'ils n'engageraient les capitaux confiés qu'à moindre risque et à très grosses possibilités de profit. Riches comme pauvres, ils étaient tous liquidés !

La mission était donc de moraliser la profession d'intermédiaire et d'exiger qu'ils soient détenteurs d'une carte professionnelle, non plus après deux semaines de stage pour leur apprendre l'art et la manière de rabattre les pigeons – en général des amis ou des relations, c'était plus facile – mais de suivre une véritable formation, sanctionnée par un examen passé devant une commission constituée d'une part de commissionnaires agréés et d'autre part d'un membre du ministère des Finances et de la banque de Compensation en charge de l'enregistrement en temps réel des lots et de mon syndicat... Suite à ces dispositions, la profession s'est assainie. En effet, sur dix stagiaires, à la fin de la formation deux seulement étaient en état de se présenter à l'examen.

La première réforme de ma chambre syndicale consista à exclure du syndicat les membres ayant fait l'objet d'une plainte d'un ou de plusieurs clients. En un rien de temps, sur plus de deux cents nous sommes restés à peine plus de trente. Les commissionnaires se sont fâchés, ont décrété que la chambre syndicale n'était pas reconnue, et qu'en conséquence nous n'aurions plus le droit de siéger à la Commission d'Examen, ce que nous avions acquis avec grande difficulté. Et par le plus grand des hasards, quelque temps après, ma voiture a été volée. On la retrouva incendiée sur les quais de la Seine à trois cents mètres de chez moi. Quelques jours passent, on frappe à ma porte à une heure du matin : «Police !», j'ouvre sans méfiance, deux types me tombent dessus et me rouent de coups – sûrement une coïncidence... Pourtant je n'habitais pas un quartier chaud, à l'angle de l'avenue de Versailles et du boulevard Exelmans... À la suite de cette agression, mon préfet m'a mis sous la protection des services et

M. Francis Carlucci et un de ses collègues ont été attachés à ma modeste personne comme agents de sécurité.

J'ai aussi dévoilé à l'aide de la presse économique – mais pas toute parce que la publication quotidienne des cours ça rapporte – que pas un investisseur n'avait jamais gagné sur ces marchés, que c'était une grande arnaque. J'ai rencontré au Sénat Georges Conchon, l'auteur et réalisateur du film *Le Sucre*, qui avait lui-même perdu sa mise de fonds en un rien de temps. À la suite de ces articles, j'ai reçu un grand nombre de lettres de malheureux apprentis boursiers me demandant comment faire pour récupérer leur argent. Je les ai orientés vers un avocat. Nous avons reçu près de trois cents personnes en un an, dont des producteurs de cinéma, des acteurs de grande renommée, de grands et petits chefs d'entreprises. J'étais aux anges de pouvoir enfin régler mes comptes avec ces salopards de commissionnaires sans scrupules, de rencontrer toutes ces têtes d'affiche victimes d'escroquerie, et en plus de passer dans la presse, le Point, à la radio et même à la télévision, même en Belgique sur RTL.

Le nettoyage a donc été on ne peut plus efficace. Il faut comprendre aussi que les professionnels sérieux avaient repris la main pour atténuer le scandale et sauver leur outil de travail, parce qu'ils avaient bien enregistré que s'ouvraient pour eux des jours moins bénéfiques sur les à-côtés... Ainsi la morale triomphait, après des décennies d'impunité. Mais le texte de loi réglementant ces marchés n'a pu sortir que bien plus tard, tant les pressions politiques étaient grandes !

En attendant, je voyais toujours au minimum une fois par mois Philippe Aucouturier, mon préfet de l'Élysée. Un soir à brûle-pourpoint il m'a demandé d'être candidat aux élections législatives de mars 1978, nous étions en juin 1976. Devant mon scepticisme il déploya avec force maints arguments pour m'en convaincre, et il savait y faire, le bougre...

Et puis dans mon idée, faire de la politique pour moi c'était aussi rechercher des moyens pour pouvoir réformer la Bourse, éliminer tous ces parasites qui pullulent sur ces marchés.

Enfin j'avoue que le fait d'avoir côtoyé quelques hommes politiques, dont le président et sénateur Étienne Dailly, dans les diverses commissions chargées d'étudier la réforme des marchés n'était pas pour me déplaire, et naïvement je me sentis donc honoré de sa proposition !

Je pense même, avec le recul, que mes contacts répétés avec les plus hauts personnages de l'État, dans les dorures des palais de la République, ou plutôt de la monarchie républicaine, me séduisaient. Comme l'a chanté Charles Aznavour, *Je me voyais déjà*... et pourtant !

CHAPITRE 5

Un engagement politique
au Parti radical valoisien
en Seine-et-Marne

Ainsi, avec les encouragements de mon interlocuteur de l'Élysée, je m'apprêtai à partir en campagne électorale aux élections législatives contre Gérard Bordu, le communiste sortant à Chelles, et donc à la conquête de la 2ᵉ circonscription de Seine-et-Marne, comme par hasard le département où sévissait Étienne Dailly le sénateur-maire de Nemours et président du Conseil général de Seine-et-Marne, le plus virulent des opposants à toute réforme des marchés, surnommé *Monsieur Sucre*... Je pensais naïvement qu'avec l'appui de l'Élysée mon investiture serait une simple formalité. Elle était bien loin d'être acquise, et pour le novice que j'étais ce fut un véritable parcours du combattant ! En effet, être candidat sans jamais avoir eu une carte quelconque d'un parti pendant plusieurs années était périlleux, l'essentiel n'était pas de se présenter où personne ne voulait aller, mais d'être militant. Ce n'est donc qu'après bien des péripéties que j'ai décroché mon investiture au Parti radical qui manquait de candidats. J'ai compris plus tard pourquoi. Ma candidature, une fois rendue officielle, servait à négocier avec les autres partis dans d'autres départements pour protéger les sièges de certains dirigeants, en retirant l'investiture pour raison d'arbitrage. J'ai ainsi reçu une investiture avec le risque qu'ils puissent la négocier dans mon dos ! Sans méfiance, plein de bonne volonté, parachuté en Seine-et-Marne où je ne connaissais personne, en un an et demi il allait falloir que je me fasse connaître, et surtout me faire élire. Et ce contre les structures des partis en place et contre des élus de mon bord ! Ils avaient tout simplement négocié « ma » circonscription en contrepartie d'une paix royale dans la leur...

En fait j'avais tout à découvrir de ce monde politique et de ses arcanes. Il me fallait donc commencer par me faire une légitimité en obtenant cette investiture d'un parti de la majorité en place.

Ma quête à l'investiture a commencé par une visite au siège du Parti Républicain, rue de la Bienfaisance. C'était le parti du président de la République, Valéry Giscard d'Estaing. De ce fait je pensais que, venant de l'Élysée, les portes me seraient grandes ouvertes. Erreur grossière ! Le permanent m'a reçu froidement, et il me précisa même qu'il me fallait être membre du parti, avoir milité depuis plusieurs années, et que dans tous les cas il me fallait rencontrer la section locale et commencer par distribuer des tracts et coller des affiches, passage obligé pour envisager d'exister en politique ! Or, le Parti républicain n'ayant aucun candidat dans cette circonscription, je ne comprenais pas qu'il rejette ma candidature puisqu'il se devait d'être présent ou représenté dans toutes les circonscriptions de France et d'Outre-mer – je vous rappelle que le Parti républicain était alors celui du président de la République...

J'eus l'impression d'être au Parti communiste, de m'être trompé d'adresse. Inutile de vous préciser que je suis sorti de ce contact dépité. On comprend dès lors que les élections en question furent perdues, d'autant que le secrétaire général de l'Élysée, le sénateur Jacques Larcher – sans aucun lien de parenté, je le précise à toutes fins utiles, avec Gérard Larcher, l'actuel président du Sénat – faisait partie des principaux dirigeants du Parti, et qui plus est était sénateur et conseiller général de ce département – avec Étienne Dailly ! En clair, ceux qui devaient faire campagne pour moi ont soutenu le camp opposé, celui de Jacques Chirac, à la grande satisfaction du Parti socialiste et du Parti communiste français !

Quelques jours plus tard, après avoir pris la précaution de prendre rendez-vous, je me présente au siège des Démocrates Sociaux, boulevard Saint-Germain, sur la recommandation de mon ami Henri Bouvet, vous vous souvenez, l'ami banquier qui avait organisé le dîner avec le préfet... Et me voilà reçu très courtoisement par le chargé des investitures, Jean-Marie Wanlerenberghe. Certes, après pas loin de deux heures passées ensemble, il me promet d'étudier ma demande et de me rappeler sous une semaine pour un nouveau rendez-vous. Cependant il me met en garde, la tâche s'annonçait rude, l'hypothèse de ma candidature dans le contexte seine-et-marnais ne coulait pas de source, car les sénatoriales venaient d'être remportées par une union de la majorité, et des accords difficilement contournables avaient dû être pris avec le RPR. J'ai donc attendu la réponse, mais j'ai eu beau le rencontrer par la suite dans différentes manifestations politiques j'attends toujours...

Enfin je me suis rendu au Parti radical, Place de Valois, où je suis tombé sur un homme très affable, à l'écoute, François Garcia. Il m'a confié que la fédération locale du parti était moribonde, mais que je pouvais compter sur son aide, sous réserve que je m'engage à honorer personnellement les dépenses de la campagne. Après quelque deux heures de questions/réponses sur mon parcours et d'échanges divers j'ai acquiescé, et sans plus attendre il a téléphoné au président de la fédération locale, Jacques Lebouc, notaire à Melun, afin qu'il organise rapidement une réunion de sa fédération pour me présenter à l'ensemble des membres. En fait, ils étaient moins d'une dizaine !

Deux semaines plus tard, dans l'arrière-salle du *Café du Commerce* – ça ne s'invente pas non plus – à Melun, je retrouvai les sept ou huit radicaux que totalisait la fédération du Parti radical en Seine-et-Marne. Au cours du repas j'expliquai mon objectif, être candidat aux prochaines élections législatives. Mais je n'avais aucune connaissance du terrain, j'avais donc grand besoin de conseils, et de leur aide. Unanimement ils m'ont déclaré que je pouvais compter sur leur soutien actif... là aussi j'attends toujours !

Vers vingt-trois heures trente, alors que le dîner s'achevait, quelle ne fut pas ma surprise de voir arriver le président Étienne Dailly, sorte de bouledogue souriant qui fait le tour de la table, salue chacun par son prénom, et en me serrant la main déclare : *Nous nous connaissons !* Puis, sans ajouter mot, charmeur, en quelques secondes il monopolise la parole en racontant deux ou trois anecdotes sur le Sénat et le Conseil Général. Car il était alors, je vous le rappelle, sénateur, vice-président du Sénat, président du Conseil Général de Seine-et-Marne ; c'était aussi l'homme politique relais, l'homme lige des professionnels du sucre. Je l'avais affronté maladroitement à plusieurs reprises dans les diverses commissions en charge de la réforme des marchés. Politiquement il siégeait au Sénat dans le Groupe de la Gauche Démocratique en tant que membre du Parti radical, et appartenait donc tout naturellement à cette fédération. Mais je n'avais pas pensé qu'il participerait à ce type de réunion, dans une arrière-salle de bistrot à onze heures et demie du soir, encore moins qu'il se ferait servir un repas alors que nous en étions au café... Pendant plus d'une heure, d'anecdote en anecdote, il monopolisa la parole, en évitant soigneusement de parler de mon investiture alors que le président Lebouc l'avait mise à l'ordre du jour...

Ce n'est qu'en sortant, juste avant de monter dans sa voiture, qu'il m'a demandé de venir le voir le lendemain soir à son bureau au Sénat. C'est ainsi qu'après avoir fait antichambre pendant une heure dans l'immense salle qui donne de toute sa longueur sur les Jardins du Luxembourg je franchis la porte de son bureau qui se situait au bout de cette salle. Affairé à la signature de son courrier, sans répondre à mon *Bonjour, monsieur le président*, il m'a demandé de m'asseoir en désignant une chaise devant son bureau. J'ai encore attendu dix ou quinze minutes, assisté aux diverses modifications qu'il apportait aux différents courriers, en les dictant à sa secrétaire ou en les annotant de sa main avec son stylo-plume à encre bleue. Enfin il releva la tête pour me dire : *On ne pouvait pas parler devant eux hier soir, il faut que je vous explique, la Seine-et-Marne est un département particulier, pour remporter les élections sénatoriales nous avons passé un accord avec l'ensemble des partis de la majorité, accord que nous respecterons évidemment. Tous ont admis que la circonscription que vous visez est perdue pour la droite, à partir du moment où vous êtes candidat, les autres – sans citer le RPR – vont vouloir y aller aussi, ça ne va pas être facile de négocier !*

Nous nous séparons courtoisement, et après l'avoir remercié pour ses conseils je retourne sur le terrain faire campagne.

J'ai omis de vous dire qu'entre temps, compte tenu de l'agression dont j'avais été victime, j'avais embauché un chauffeur, Monsieur Gaspard, un virtuose du volant.

J'ouvre une permanence face aux voies de chemin de fer de la gare de Chelles, j'appose un grand calicot sur les dix mètres de la façade : *Le Parti radical et Marcel Laurent avec vous en Seine-et-Marne...* et je passe mes journées à faire le tour de la circonscription, Chelles, Lagny, Claye, Souilly, Dammartin-en-Goële, cent dix-huit communes...

Fin janvier 1978, à quatre mois du premier tour des élections, le secrétariat du président Étienne Dailly me demanda de prendre mes dispositions pour rencontrer le lendemain soir tous les maires de «ma» circonscription lors d'une réunion qui devait se tenir près de Roissy. Il me fallait être à la rôtisserie Maxim's dans l'aéroport Charles de Gaulle à partir de vingt heures trente afin de pouvoir être joint rapidement et attendre les instructions en direct du président. En réalité ce n'est qu'à vingt-deux heures passées qu'il me fit appeler pour m'intimer l'ordre de rejoindre le groupe au plus vite dans la salle des Fêtes de Gressy – à l'époque, avant l'implantation du parc de Disney, c'était un petit village perdu dans la campagne situé à environ quinze kilomètres de l'Aéroport de Roissy. Heureusement, j'avais déjà rencontré le maire de ce village, et je connaissais un peu le chemin. Je donnai donc les bonnes indications à monsieur Gaspard, mon chauffeur de l'époque, qui en moins d'un quart d'heure, malgré la pluie battante sur la petite route départementale, me mena à destination. Nous arrivâmes ainsi devant la salle des Fêtes du village. Premier choc dès l'ouverture de la porte : la salle était bondée par les maires et leurs adjoints, et tous les autres élus, une quinzaine de personnes siégeaient au fond sur une estrade qui surplombait la salle. Je supposai qu'il s'agissait des principales personnalités du département, conseillers généraux, députés et sénateurs. Je fus accueilli par un cerbère qui me dit : *Vous êtes Monsieur Laurent ? Asseyez-vous là, attendez, je préviens le président.* Et moi sur le moment je me demandais bien pourquoi il fallait le prévenir alors qu'il m'avait sans aucun doute très bien vu arriver.

Une fois la dernière prise de parole terminée, Étienne Dailly qui présidait l'assemblée me souhaita la bienvenue à sa façon, car il m'interpella brutalement, d'une voix de stentor, en ces termes : *Nous pensons que vous êtes bien Marcel Laurent, mais avez-vous une pièce d'identité à nous produire, car nous vous découvrons ! Vous nous avez dit être candidat à la députation, mais pour nous vous êtes candidat, certes, mais à la candidature ! Je vous ai demandé de venir ici, car comme vous pouvez le constater, sont réunis ce soir les conseillers généraux, les maires et leurs adjoints bien-pensants de la deuxième circonscription, celle-là même où vous prétendez vous présenter aux prochaines législatives. Veuillez venir à la tribune vous présenter puisque dans cette assemblée personne ne vous connaît !* Quel accueil ! L'ami des commissionnaires agréés et Monsieur Sucre au Sénat avait tombé le masque...

C'est donc sur cette injonction chaleureuse du président que je me suis retrouvé mort de trouille, debout à côté de lui sur l'estrade, coincé et furieux de la façon dont il m'avait annoncé, mon orgueil venait d'en prendre un sacré coup...

J'ai commencé ma présentation en saluant les élus, certains par leur nom, tout au moins les plus importants, que j'avais déjà rencontrés. J'ai ensuite rappelé que j'avais été élu président de la Fédération du Parti radical de Seine-et-Marne, et que nous comptions parmi ses membres le président Étienne Dailly en personne auprès duquel j'avais eu l'honneur de présenter ma candidature un an auparavant. De ce fait il avait cautionné mon investiture au nom de *l'Union de la Majorité présidentielle* en tant que membre du Comité directeur du parti... Puis, tant bien que mal, j'ai enchaîné sur mon programme et sur la façon dont je comptais le mettre en place dans cette circonscription tellement disparate, partagée en cité dortoir au sud, bourgeoisie au centre et activités agricoles au nord, et forte au total de soixante-dix-huit communes et cent dix-sept mille électeurs.

Et je développai, oui mon objectif était bel et bien de conquérir la deuxième circonscription de Seine-et-Marne alors détenue par Gérard Bordu, membre éminent du Comité central du Parti communiste français.

J'avoue ne pas avoir été brillant, et même plutôt minable dans ma présentation, mais compte tenu du coup de massue de mon introduction, et du fait que je faisais mes premiers pas en politique, qui plus est devant les Grands Élus du département... En effet, outre le président Dailly, étaient également présents ce soir-là Jacques Larcher, sénateur, secrétaire général de l'Élysée et président de la Commission des Finances au Sénat,

Paul Séramy, sénateur-maire de Fontainebleau, Alain Peyrefitte, sénateur-maire de Provins, plus la grande majorité des maires de droite, c'est-à-dire du centre, de centre gauche et de l'U.D.R. – à l'époque, le parti de Jacques Chirac – de la circonscription.

Bien entendu, le fait que le président me présente comme l'inconnu du département, un parachuté par l'Élysée, en pleine bagarre entre Giscard et Chirac, ne me mit pas très à l'aise. Toujours impulsif, et en manque évident d'expérience, après avoir détaillé sommairement, ou plutôt bredouillé mon programme je déclarai à tous ceux qui étaient là que contrairement à d'autres élus, si je n'étais pas connu, c'était parfois une grande chance parce que je n'avais aucune affaire me concernant qui puisse intéresser la presse, toujours à l'affût d'informations compromettantes – la semaine précédente, différents articles sur le trio des sénateurs avaient fait grand bruit dans le *Canard Enchaîné* entre autres, et d'ailleurs en 1988 un livre passablement assassin, titré *D. comme Dailly*, paru aux Éditions Alain Moreau, a également fait couler beaucoup d'encre...

Ma déclaration fut suivie d'un silence incroyable. Les maires présents n'en croyaient pas leurs oreilles. Ils constataient que l'inconnu que j'étais osait clouer le bec, et de la belle façon, à des sénateurs ! J'ai payé cher mes paroles, j'aurais dû me souvenir de La Fontaine et de la Fable *Le Corbeau et le Renard*, car en réalité ce soir-là je me suis tiré une balle dans le pied.

Mais j'ai aussi appris, par la suite, que beaucoup avaient apprécié.

Après m'avoir entendu, le président déclara, avec un certain sourire en coin : *Nous vous avons bien entendu. Nous avons compris que vous étiez déterminé à vous présenter. Nous vous prions de vous retirer afin de nous permettre de délibérer.* Délibération dont je n'ai jamais connu l'issue, sinon par certains participants, et qui pouvait se résumer ainsi :

si je voulais aller au casse-pipe, que j'y aille après tout, perdu pour perdu autant que je fasse mon expérience !

Mais il était évident que je ne pouvais évidemment pas m'appuyer sur eux pour ma campagne. D'ailleurs un autre candidat a débarqué un beau jour en décrétant qu'il était le candidat de toute la majorité, alors que j'étais officiellement investi ! J'ai fini par comprendre que les postes de sénateurs avaient été laissés à trois UDF et un UDR tout simplement en échange des législatives. En réalité, localement, les dirigeants des composantes de mon investiture, CDS-PR et Parti radical, étaient tous des sous-marins de l'UDR qui dictaient leur loi en Seine-et-Marne. Pour ceux qui l'ignoreraient, cette circonscription était détenue par Guy R., récemment condamné dans l'affaire des HLM de la mairie de Paris.

Sur ces entrefaites le président m'a remercié sans autre formalité. Son voisin de gauche, Pierre Lallemand, 1er adjoint au maire de Lagny, s'est levé pour me raccompagner, et m'a remis un papier, écrit de la main du président, sur lequel était écrit qu'il me fixait rendez-vous pour le lendemain matin à sept heures à son domicile, 85 avenue Victor Hugo, dans le 16e arrondissement.

Et je me suis retrouvé dehors, sonné, sous une pluie battante, j'ai regagné ma voiture, heureusement garée tout près de la porte.

Avec l'aide précieuse de monsieur Gaspard, nous avons repris la route pour rejoindre mon domicile parisien, Porte de la Muette.

Et après une nuit courte et agitée, à six-heures-quarante-cinq je faisais le code de la porte principale, griffonné sur le papier remis la veille, et j'étais là dans l'entrée à attendre devant l'interphone E. D. d'Étienne Dailly, au 85 avenue Victor Hugo, à six cents mètres de chez moi. À sept heures précises, je sonne. Pas de réponse. Je recommence, pas de réponse. J'attends cinq minutes et j'insiste. Pour toute réponse j'obtiens : *Montez !* *J'ouvre !* Pas le temps de lui demander à quel étage. C'est en arrivant au 4e que je trouve une porte entrouverte. J'entre. Je me retrouve dans une entrée faiblement éclairée, avec en face, dans l'obscurité, un salon, volets fermés – j'appris plus tard que son épouse exigeait qu'il en soit ainsi pour protéger du soleil les tissus d'ameublement. La pièce où je pénétrai était éclairée par une petite lampe posée sur le bureau style Empire. D'une voix forte provenant du fond de l'appartement le président m'intima l'ordre de m'asseoir. Alors que j'entendais l'eau couler des robinets de la salle de bain, mon hôte me dit : *Je suis au téléphone, j'arrive !*

Les tentures comme le bureau et le fauteuil, tout était de style Empire. Je pris place timidement sur une chaise devant la lampe, dans l'angle, à droite en entrant dans la pièce. Une vitrine couvrait le mur du côté droit, remplie d'une collection impressionnante de soldats de plomb de l'armée napoléonienne...

Le président est entré dans la pièce, vêtu d'un pantalon de velours côtelé, d'un polo Lacoste et d'un vieux pull en cachemire marron Hermès visiblement très confortable, le genre de pull dont on ne peut se débarrasser, même élimé... Il me demanda en guise d'introduction si j'allais bien depuis la veille. Et sans attendre ma réponse il s'assied et me dit tout de go : *Si je comprends bien vous voulez faire de la politique, mais vous n'y connaissez rien, c'est comme pour le sucre, sur les marchés à terme !*

Je lui ai répondu positivement, lui assurant que j'étais décidé à aller jusqu'au bout de mon engagement, coûte que coûte, tant sur le plan de la Bourse de commerce que de la politique. Après un long silence durant lequel il tailla son crayon et ajusta les quelques feuilles de papier qui lui servaient à écrire ses notes, il prit la parole : *Bon! Commençons par le début. La Bourse, je sais que c'est l'Élysée, par l'intermédiaire du préfet Philippe Aucouturier qui tire les ficelles. Il vous pousse. Moi, ça fait trente ans que je travaille avec les plus grands professionnels des Marchés... Maurice Varsano est un ami. Je ne m'occupe pas de la clientèle privée. De toute façon, taper sur les "pros" ne vous mènera à rien. Mais vous avez raison, il faut moraliser ces Marchés, et si vous m'écoutez ça pourra peut-être marcher. Pour ce qui est de la politique en Seine-et-Marne, vous ne connaissez pas le terrain, cette circonscription est minée, elle n'est pas jouable. C'est pour cela que personne ne veut y aller. Mes deux collègues et moi venons de terminer les sénatoriales, nous avons gagné parce que nous étions unis. C'est un fief qui était détenu par Chirac, l'UDR, et qui a été perdu à cause de leur candidat sortant, lourdement compromis dans une sombre affaire financière des HLM de la Ville de Paris. Je ne vois pas très bien ce que je pourrais faire pour vous à part vous épauler à la Fédération du Parti radical pour avoir les soutiens du Centre gauche du département... Mais je vous avertis une dernière fois, cela ne sera pas facile. Vous l'avez vu hier, les maires ne vous sont pas favorables, ils ne "se mouilleront" pas. Vous connaissez Marc Bareyre ? Nous avons donc un ami commun. Je vous souhaite bonne chance!*

Sans plus d'échanges, et après qu'il fut allé deux fois à son bureau pour répondre au téléphone, nous nous sommes séparés. Je me retrouvai donc trente minutes plus tard sur le trottoir de l'avenue Victor Hugo, sans savoir quoi penser de ce rendez-vous avec cet éminent personnage, petit de taille, mais haut en couleur de la République. Au fond il n'était pas aussi antipathique que pouvait le laisser penser la description que l'on m'en avait faite. Et après la rencontre de la veille au soir, mon impression ce matin-là était plutôt bonne. Il savait y faire, le bougre! Il avait du métier, c'était un authentique séducteur, qui s'entendait à déstabiliser pour mieux manipuler ses interlocuteurs.

Quoi qu'il en soit, rien ne pouvait alors laisser entrevoir que nous ferions une longue, très longue route ensemble. En effet, pendant près de vingt ans, sur le plan politique en Seine-et-Marne, mais également à Paris dans les ministères du Budget, de l'Agriculture et du Commerce, nous n'avons cessé de cheminer ensemble. Y compris en franc-maçonnerie où nous nous sommes retrouvés !

Le lendemain de la réunion de Gressy avec les élus, en sortant de mon rendez-vous de l'avenue Victor Hugo, j'ai informé mon conseiller de l'Élysée de l'aventure ubuesque que j'avais vécue. Ubuesque, je crois qu'il n'y a pas d'autre adjectif pour la décrire !

Mon interlocuteur ne parut pas surpris le moins du monde et m'a convié à dîner une nouvelle fois à la permanence de l'Élysée, à vingt et une heures le soir même, peut-être craignait-il une baisse de motivation de ma part...

Petite anecdote, pour raisons électorales j'avais acquis une petite voiture de la marque Autobianchi, toute blanche, sur laquelle j'avais fait peindre des bandes tricolores. Et sur les portières était écrit : *Marcel Laurent avec vous en Seine-et-Marne*, car nécessité faisant loi, il fallait bien que je fasse savoir que j'étais sur le terrain lors de mes déplacements, et pour ce qui était de mes visites plus question bien entendu d'aller faire du porte à porte en voiture avec chauffeur !

Me voilà donc débarquant tout droit de ma circonscription dans la cour de l'Élysée, le numéro de ma plaque minéralogique ayant été communiqué au poste de garde. Le policier chargé de la sécurité, après m'avoir regardé d'un air surpris, me demanda de me garer dans la cour tout de suite à droite, face à l'escalier qui conduisait à la permanence. Puis il m'accompagna jusqu'à la petite salle à manger où j'avais l'habitude de retrouver Philippe Aucouturier. Il était attablé avec un homme jeune, grand, de carrure athlétique, il s'agissait d'Emmanuel Rodocanachi, conseiller aux Affaires agricoles et commerciales du président de la République, ancien champion olympique d'escrime, dont j'ai déjà parlé.

Sans vouloir en rajouter, j'étais à la fois impressionné par sa taille, comparée à celle de Philippe et à la mienne – il me rendait bien vingt centimètres –, mais surtout par son titre et sa vivacité d'esprit...

À peine installé autour de la table ronde avec mes deux interlocuteurs, je leur racontai ma mésaventure lors de la réunion des maires avec le président Dailly et Jacques Larcher. Lequel avait beau être le secrétaire général en titre de l'Élysée, ne jouait pas franc jeu puisqu'il avait été élu en Seine-et-Marne avec les voix chiraquiennes, tout comme Paul Séramy, sénateur-maire CDS de Fontainebleau, et Étienne Dailly. Et le préfet Philippe Aucouturier de prendre la parole pour commenter : *C'est normal que Dailly ne soit pas content, vous piétinez ses plates-bandes, les marchés à terme – le sucre c'est sa chasse gardée – et en plus votre campagne le dérange compte tenu des accords que lui et ses deux compères, le Centre des Démocrates Sociaux Paul Séramy et le Républicain Indépendant Jacques Larcher, ont contracté avec l'UDR, Union des Démocrates républicains, pour être élus aux sénatoriales. Vous êtes le trublion, l'empêcheur de tourner en rond, il est donc normal qu'Étienne Dailly réagisse ainsi, c'est de bonne guerre ! Nous savions tout ça, mais vous tiendrez le coup n'est-ce pas ? D'ailleurs je vous informe que les Renseignements Généraux annoncent que vous avez bien progressé dans les sondages, et que vous pourriez être présent au second tour de scrutin... Alors, ne vous laissez pas impressionner, même par ce vieux briscard !*

Ensuite Emmanuel Rodocanachi prit la parole pour m'annoncer que nous allions très prochainement rendre visite à la Direction du Trésor, M. de Margerie, et qu'à la suite de ce rendez-vous entrerait en scène à son tour Marcel Bauche, le plus gros professionnel du sucre et le président de la Caisse de Compensation des Marchés, en charge de l'enregistrement des opérations, de l'encaissement des *déposits* et des marges, enregistrement qui, dit-il, avait été recadré.

Deux jours après, toujours autour des sept heures, Étienne Dailly me téléphona en me demandant de le rejoindre au Sénat, après la séance, vers vingt et une heures, pour dîner.

Bien évidemment il présidait encore la séance – il en a battu tous les records – mais cette fois, loin de me faire faire antichambre, sa secrétaire me fit accompagner par un huissier en habit queue de pie et avec sa chaîne, dans la loge d'honneur des invités du président du Sénat, face au perchoir, nom habituellement donné à l'estrade sur laquelle siègent les présidents de séance. Ah! il savait y faire! Il avait réponse à tout et enchaînait les amendements les uns derrière les autres à une vitesse jamais égalée. Puis vers vingt-trois heures nous avons rejoint la brasserie *Chez Lipp* boulevard Saint-Germain, où j'ai eu la surprise de me retrouver à dîner avec Michel Charasse qui, impatient, avait déjà commencé à manger. Incontestablement Étienne Dailly et Michel Charasse, bien que n'appartenant pas à la même famille politique, s'entendaient admirablement. D'ailleurs, tout au long du repas, les plaisanteries allèrent bon train, y compris des plaisanteries de corps de garde.

Vers une heure du matin, en sortant du restaurant, Étienne a renvoyé son chauffeur en me précisant que je le raccompagnerais à son domicile. J'espérais ainsi pouvoir profiter de ce tête-à-tête pour lui parler de ma campagne électorale. Mais l'échange que j'attendais n'a pas été possible, à peine monté dans la voiture il s'est immédiatement assoupi. Arrivé à destination il s'est réveillé en sursaut et m'a demandé de revenir chez lui le lendemain à sept heures pour qu'on parle tous les deux ! Il était près d'une heure trente du matin.

Le lendemain, ce fut le même scénario d'attente devant son interphone, avant de pouvoir monter dans son appartement dont la porte, comme la dernière fois, était entrouverte.

Il est arrivé dans la même tenue décontractée, une tasse de thé à la main. Avec mainte précaution il la posa sur le cuir de son bureau après avoir pris soin de glisser dessous une feuille de papier pliée en quatre, et m'interrogea : *Qu'est-ce qu'on fait tous les deux ? Tu veux tuer les marchés à terme ?* Et sans en ajouter davantage, il me parla des difficultés de ma circonscription : *Je t'informe que Jacques Chirac met un candidat contre toi, un certain Labrunie, président du Syndicat des Chirurgiens-Dentistes, tu comprends, avant que le communiste Gérard Bordu s'en empare c'était un fief UDR. C'est donc normal qu'ils veuillent le reprendre, ils ne peuvent pas laisser la place comme ça, compte tenu en plus des mauvaises relations de Chirac avec Giscard ! Et ils sont nombreux dans cette fédération, ils vont mettre le paquet, ce ne sont pas des tendres !*

Et donc ça va être très dur pour toi ! Lors de la réunion des maires, il ne m'était pas possible de donner l'impression que je te soutenais. La majorité des présents étaient chiraquiens et avaient voté pour nous trois, Paul Séramy, Jacques Larcher et moi, aux sénatoriales ! Bref, attends-toi à une bagarre serrée, il va falloir tenir le coup, cela ne sera pas facile ! Sans attendre ma réponse, il ajouta : J'ai rencontré la Direction du Trésor, et Marcel Bauche de la Banque de Compensation ; il faut absolument trouver un modus vivendi pour sortir de la merde actuelle. Les commissions parlementaires ne comprennent strictement rien, et la situation reste bloquée depuis trois ans, ça ne peut plus durer. Les arbitrages professionnels se sont reportés sur le Marché de Londres et New York. Outre la mauvaise image, c'est un manque à gagner majeur pour la place de Paris.

À ce moment-là, je lui ai renouvelé mon couplet sur la nécessité de moraliser les marchés, et notamment quant à l'affectation des lots des particuliers... Pour moi, après avoir analysé plus de six mille comptes clients, la démonstration était claire et sans appel, il y avait fraude organisée, une véritable arnaque à l'épargne publique, une situation inacceptable ! J'avais pris confiance en moi, du fait que je commençais à bien maîtriser mon sujet, et Étienne Dailly savait très bien que ma démarche était téléguidée par l'Élysée, mais les professionnels lui avaient demandé d'agir au plus vite. Alors il s'expliquait par des arguments plus fallacieux les uns que les autres, comme si je pouvais croire une seconde qu'il y avait quelque chose de nouveau, mais depuis le début il était leur homme, leur défenseur, d'autant plus qu'il connaissait parfaitement, lui, la situation véritable, étant donnée l'importance des terres betteravières qu'il avait possédées sur l'espace actuel de l'Aéroport de Roissy. Ce qui lui avait permis, étant des leurs, de se construire une notoriété auprès des coopératives et des compagnies sucrière.

Étienne me convia à une ixième réunion au Sénat avec Bernard Stasi, président de groupe à l'Assemblée, Pierre Brousse, le ministre du Commerce et six professionnels du sucre, où il leur demanda de jouer le jeu de la moralisation demandée. Ce furent de belles paroles sans aucune suite, sinon qu'ils acceptèrent, pour la première fois, d'échanger quelques mots avec moi. Ce qui était enfin reconnaître mon existence ! En les quittant, Bernard Stasi m'a pris à part pour me confier : *Tu ne peux pas leur faire confiance, ils sont tous de mèche !* Peu après, accompagné par Emmanuel Rodocanachi, j'ai pu rencontrer la Direction du Trésor et le président de la Caisse de Compensation, et après de multiples explications sur le fonctionnement des marchés et sur leurs dérives en l'absence de toute surveillance, après de nombreuses palabres au sein des commissions, mais aussi en marge de ces dernières, le directeur du Trésor me félicita et m'annonça que nous arrivions au bout de la démarche. Les textes chargés de réformer les marchés étaient prêts et seraient présentés aux Commissions des Assemblées dès après les élections législatives, qui suivraient les élections présidentielles – de 1981.

Quant au président Marcel Bauche, très las, malmené par la Justice, il demanda la réouverture des Marchés avec des arguments identiques à ceux d'Étienne Dailly.

Et moi bien sûr je commençais à trouver le temps long, mais surtout à douter du résultat de ces élections qui devaient permettre de faire voter la réforme. J'étais en campagne électorale et nul n'avait besoin d'être prophète pour anticiper que ces élections seraient perdues par la majorité disloquée en place.

Ce qui ne semblait pas du tout le cas de ces messieurs de l'Élysée !

Parmi les souvenirs qui me reviennent de toutes ces heures passées dans le bureau du président Étienne Dailly, je me rappelle une anecdote. Le président était en train de signer une série de parapheurs de lettres en réponse aux multiples demandes d'interventions politiques – mais oui, à cette époque les élus intervenaient directement auprès des ministres pour des cas particuliers, pour le service militaire par exemple, ou pour les allocations familiales, ou pour des problèmes de logement – et le président Edgard Faure, alors sénateur du Doubs, et depuis toujours figure tutélaire du Parti radical valoisien que je présidais moi-même en Seine-et-Marne, avait pour habitude de retrouver Étienne Dailly à son bureau pour aller dîner ensemble – je rappelle au passage qu'il venait de relancer *Le Nouveau Contrat Social*, le détail vaut la peine d'être souligné – et donc ce cher Edgar Faure, voyant que le temps passait, s'énervait en répétant que *Caze*, le directeur de chez Lipp, allait s'impatienter et que nous ne pourrions plus être servis. Et s'adressant à moi qui étais assis à la table face au bureau d'Étienne pour lui expliquer le contenu de certaines interventions, il s'est approché de moi et m'a fait cette remarque, et d'une voix suffisamment forte pour que les deux présidents présents l'entendent clairement, avec son zozotement très caractéristique : *Si tu veux avancer en politique, mon petit, il te faut savoir une chose essentielle, tu entends bien, essentielle à savoir : rien d'important n'arrive aux autres ! Allez, ferme les parapheurs on y va !*

J'étais sidéré par sa déclaration, mais aussi par le manque de réaction d'Étienne Dailly et de Michel Charasse, qui étaient présents, ils ne s'en sont pas le moins du monde émus. Une demi-heure après, nous étions tous les quatre au restaurant et les plaisanteries n'ont pas arrêté. Étienne Dailly, particulièrement, était intarissable, bien que Charasse ne fût pas en reste !

Une autre fois, sachant qu'Étienne aimait les bretelles originales, je lui en ai rapporté une paire des États-Unis, et je les exhibai à son collègue Michel Charasse, tant et si bien que je finis par en acheter deux paires, avec clignotants sur piles... de vrais enfants ! Ils se sont amusés en effet à les faire clignoter en séance au Sénat, sur le coup d'une heure du matin, lors d'une séance de nuit, et même au restaurant, dans une ambiance de franche camaraderie, à cent lieues des escarmouches dans l'hémicycle. Au fond, j'étais fier et sincèrement heureux d'être associé à ces échanges enfantins, mais surtout de participer à ces joutes oratoires. C'était un véritable bonheur de pouvoir ainsi côtoyer ces intelligences hors du commun, ces grands hommes profondément républicains, quoi que certains puissent encore en dire ! J'étais sous le charme.

Mais revenons-en à ma campagne électorale. Entre la Bourse et la politique sur le terrain, mes journées étaient, c'est le moins qu'on puisse dire, bien remplies. J'étais de sept heures à seize heures à la Bourse, puis je quittais Paris avant les bouchons. Juste après avoir pris une douche, je prenais la direction de la Seine-et-Marne. Je me faisais connaître dans tous les étages des HLM. Je devais me rappeler, lorsqu'il n'y avait pas d'ascenseur, qu'il fallait commencer par le dernier étage et faire les visites en descendant, pour éviter de me présenter essoufflé devant un éventuel électeur. *Bonjour, madame, je suis candidat aux élections législatives, j'aimerais connaître vos principales préoccupations pour vous et pour votre famille ? Qu'attendez-vous de votre représentant, de votre député ?* Il y avait 80 % de Français dans ces logements. Soit dit sans racisme, c'est une simple constatation. Ne donnez pas à cette remarque un autre sens ! Il faut savoir que j'ai aidé à la création et au développement de la Ligue contre le Racisme et l'Antisémitisme pendant quinze ans dans ce département. Et la plupart du temps, malgré la précaution de ne pas débarquer chez les gens tôt le matin, il n'était pas rare d'être reçu, en fin d'après-midi, par des femmes, toutes nationalités confondues, en peignoir en molleton gris sale, avec de nombreuses taches. Parfois même très négligées ! Je vous passe les détails de la vaisselle dans l'évier, de l'état de saleté de la salle de bain. Quant à la moquette, il y a bien longtemps qu'elle avait été retirée, pour laisser apparaître le ciment, plus facile d'entretien avec le balai...

Pendant des mois j'ai sillonné ma circonscription. Ce fut un véritable marathon, de Chelles à Dammartin-en-Goële, Torcy, Lagny, jusqu'aux abords de Meaux, cent dix-sept mille électeurs et électrices, cinquante kilomètres de long sur dix de large, en tout soixante-dix-huit communes, soixante-dix-huit Maires à découvrir et à prospecter – la circonscription a été découpée par la suite. C'était un tissu social très disparate, inimaginable, des cages d'escalier qui n'en finissaient plus, des fermes de petits agriculteurs, et d'autres appartenant à d'énormes exploitants disposant d'immenses étendues, des centaines d'hectares, je veux parler des grands céréaliers de Seine-et-Marne – l'un d'entre eux avait fait édifier une tour métallique de vingt mètres de haut pour lui permettre d'avoir une vision panoramique de ses tracteurs au travail dans ses champs qui s'étendaient à perte de vue... J'ai visité aussi les zones pavillonnaires, une population des plus diverses également, pas du tout faite pour le vivre ensemble dont on parle tant aujourd'hui, sans évoquer les différences d'origine, de couleur ou de culture... Ajoutez à cela, un urbanisme accentuant la séparation, le communautarisme, une catastrophe...

Pour avoir arpenté le dimanche matin les marchés avec mes filles Leslie et Jennifer, fait le tour des cités et des rues pavillonnaires, affronté aussi les chiens dans les cours de ferme, je peux vous certifier que toutes ces personnes ne vivent pas sur la même planète, même si leurs revendications reviennent sans cesse au fait que pour les uns l'État coûte trop cher, et que pour les autres il devrait distribuer l'argent des riches. Et je passe sur le problème des loyers trop élevés, de la CAF et des allocations familiales, de la lenteur du déblocage des subventions agricoles, sans oublier déjà en 1978 les difficultés récurrentes des transports en commun.

Il faut savoir que plus de soixante-dix pour cent des habitants de Chelles en âge de travailler prennent chaque jour le RER pour se rendre à leur travail à Paris, ce qui signifie que plus de soixante pour cent de la population active de cette circonscription affrontent les carences des transports en commun...

J'avais fait une note à ce sujet, et demandé à Étienne Dailly d'écrire à Jean-Paul Huchon, alors président socialiste de la Région Île-de-France. J'ai eu droit à une réponse officielle, comme quoi le président Huchon était parfaitement conscient de la situation, que des travaux allaient être engagés très prochainement afin de remédier aux différentes carences soulevées dans mon courrier. Quarante ans plus tard, il n'en est toujours rien alors que certains travaux promis avaient été planifiés par Valérie Pécresse, l'actuelle présidente. Le projet de desserte de Roissy est remis à une date ultérieure, et pourtant il s'agit là de la première image qu'offre la France aux étrangers qui arrivent à l'aéroport Charles de Gaulle, et qui subissent les pannes régulières des transports RER, avec des arrêts au milieu de nulle part pendant une demi-heure sans aucune explication, sans la moindre information en anglais, tous entassés en milieu inconnu, quasi hostile – quand ils ne doivent pas débarquer avec leurs bagages pour changer de rame, ou pire prendre un bus après avoir attendu quarante minutes et plus !

Mes derniers mois de campagne furent d'une grande agressivité en tout genre, tant physique que morale. Quand arriva l'échéance du mois de mars, le socialiste Jean-Paul Fourré profita de la guerre menée contre ma candidature par le candidat chiraquien. Et mon inexpérience fit le reste, ainsi que l'absence de soutien officiel des trois sénateurs. Avec le recul des années, je me dis que c'était une folie que de penser pouvoir être élu sans avoir jamais fait de politique et en étant parachuté dans une circonscription où je ne connaissais personne et où personne ne me connaissait un an plus tôt.

Les résultats tombèrent : le candidat PS devança le candidat chiraquien, ce dernier obtenant 1,5 % de voix de plus que moi, à 23 %. J'ai donc dû signer, la mort dans l'âme, un communiqué de soutien à mon adversaire pour le second tour, et comme je l'ai dit ce fut le socialiste

Jean-Paul Fourré qui finalement fut élu.

Trois jours plus tard, je revins à l'Élysée où Philippe Aucouturier, Alain Griotteray et le célèbre corse de l'Elysée P. F. Riolacci me félicitèrent et me demandèrent de faire un débriefing de ma campagne. M'appuyant sur quelques exemples, j'expliquai la haine des chiraquiens à l'encontre du président Giscard d'Estaing, haine partagée par la majorité des électeurs rencontrés sur le terrain, particulièrement dans le milieu des cadres et des agriculteurs de Seine-et-Marne, sans compter, ajouté à cette situation, le courrier assassin de Philippe Dechartre appelant à voter Mitterrand.

En fait j'étais certain d'une chose, et pas des moindres : la gauche ne pouvait pas perdre les prochaines élections présidentielles !

Et en somme je montrais pourquoi il y avait beaucoup de soucis à se faire dans la perspective des élections en 1981, à peine trois ans plus tard. Loin de vouloir jouer les devins, tel était réellement mon sentiment. À tel point que j'ai réuni mes clients en Bourse et l'ensemble de mes relations pour effectuer devant eux aussi un débriefing de ma campagne, les informer de mes craintes d'une arrivée irrémédiable du Parti socialiste au pouvoir, et leur proposer d'engager pour eux, ce qu'ils acceptèrent, une étude de marché confiée à la société KPMG, avec pour objectif de savoir dans quels secteurs économiques et géographiques il fallait investir dans l'avenir. Je pris là un virage sur le plan professionnel tout en maintenant mes activités politiques et associatives.

Quant à mes interlocuteurs élyséens, ils affichèrent une opposition totale à mon analyse, affirmant que le président de la République gagnerait les prochaines élections, qu'il ne pouvait y avoir aucun doute à ce sujet, les sondages à cette époque lui donnaient 62 % des suffrages... Par ailleurs, concernant la réforme des marchés à terme de matières premières, le conseiller du président, Emmanuel Rodocanachi, l'ancien champion d'escrime, m'annonça que la Direction du Trésor travaillait avec les représentants des commissions parlementaires sur un texte ad hoc – je pensais quant à moi qu'il était prêt depuis longtemps – et que ladite réforme était bien engagée ! En vérité quand je l'ai découvert, il s'agissait plutôt d'une réformette, les deux chambres l'ayant amendé au point de le vider de l'essentiel de sa substance. Historiquement, compte tenu de la rivalité UDR/UDF à l'Assemblée, il fallut d'ailleurs l'arrivée au pouvoir de François Mitterrand pour que cette réformette soit votée... et à ce jour les marchés à terme de marchandises sont devenus moribonds.

Pour ma part, contaminé par les faux-semblants du pouvoir, honoré d'être invité à une tribune pour les défilés du 14 Juillet, puis aux différentes *garden party* du même 14 juillet à l'Élysée, le tout à vrai dire régulièrement sous une pluie battante, j'étais satisfait. Convié quatre années de suite j'en perdais ma lucidité. Avec certains parlementaires je faisais partie des invités, pour ainsi dire habitués. C'est pourquoi dès la deuxième année nous prenions la précaution, pour le 14 juillet, d'emporter avec nous deux sacs en plastique transparent, avec deux élastiques, pour envelopper nos chaussures en cas de pluie et éviter ainsi d'avoir les pieds trempés en pataugeant sur la pelouse des jardins de l'Élysée...

Orgueil quand tu nous tiens ! J'ai continué l'action politique pendant quinze ans. À la demande de Chirac, un accord a été conclu pour les législatives de 1981, après l'élection de François Mitterrand, et les cantonales de 1983 : Je laisse la mairie maintenant à leur candidat, et l'année prochaine on me laisse être candidat unique aux législatives. Engagement formel a donc été pris avec celui qui est devenu le maire de Chelles, fort de mon soutien. J'appris plus tard que, comme disait Charles Pasqua, *Les promesses politiques n'engagent que ceux qui les reçoivent.* Bien sûr, lors des élections suivantes, un nouveau candidat, envoyé par la mairie de Paris, et donnant dans un premier temps l'impression d'être en discorde avec celle-ci, finit par obtenir le soutien de son parti, et une nouvelle fois, grâce à nos divisions, la gauche emporta le siège. Écœuré par ces combines, j'ai eu l'envie de démissionner. Stupidement, j'ai écouté mon comité de soutien qui me pressait d'être à nouveau candidat, cette fois-ci à la mairie.

Jusqu'au jour de cette campagne municipale où, juste rentrés de Saint-Martin aux Antilles, nous promenant en famille dans la grande avenue qui longe le marché, ma fille Leslie, toujours si sage et réservée, m'a dit : *J'en ai assez, Papa! Pourquoi il faut dire bonjour à tout le monde? Je veux rentrer à la maison!* Ce fut sa dernière corvée, avec sa mère nous avons décidé de tenir les enfants, déjà si peu présents, complètement en dehors de cette campagne.

Et je pris la décision d'arrêter la politique si je n'étais pas élu. Je croyais que mon programme était meilleur que les autres. Je m'imaginais que les gens liraient et compareraient les programmes des candidats, qu'ils ne voteraient pas uniquement en fonction de l'étiquette politique, que pour ces élections municipales les électeurs regarderaient les propositions en matière d'économie et d'aménagement de leur ville. J'en étais persuadé. Je me trompais grossièrement.

À l'issue de ces élections, je décidai donc de quitter la scène politique. J'ai mis fin à ma vice-présidence départementale de l'UDF et à la présidence de la Fédération du Parti radical. J'ai démissionné de toutes mes fonctions le même mois. Je n'avais aucun regret. C'était désormais à mes enfants et au retour à ma vie professionnelle que j'allais consacrer mon temps. Je sentais le besoin de les retrouver, d'arrêter de gaspiller de l'argent dans une action qui n'en valait pas la peine. Personne n'a voulu le croire. Y compris ma secrétaire Michelle. Tous pensaient que je reviendrais sur ma décision, car tous pensaient que je prendrais la suite d'Étienne Dailly. Aujourd'hui le temps a passé. Je n'ai aucun regret. J'en suis même heureux, très heureux d'avoir quitté les faux-semblants.

Pour enfin, comme l'a si bien écrit Albert Einstein : *Apprendre d'hier, vivre aujourd'hui, espérer pour demain.*

Cela dit, je continuais à rencontrer de nombreuses personnalités, et je voyais toujours le président Étienne Dailly une fois par semaine, je déjeunais régulièrement avec lui, j'ai même mis à sa disposition voiture et chauffeur pendant des années, ce qui lui évitait de payer les heures supplémentaires des chauffeurs du Sénat, me disait-il... Toutefois il devait libérer mon véhicule pour les déplacements officiels de Jean Mons, alors Grand Maître de la GLNF, la Grande Loge Nationale Française, en fonction des besoins protocolaires de sa fonction.

À la longue j'ai fini par me rendre compte que la fortune hypothétique d'Étienne Dailly n'était qu'une apparence et que le président était fauché comme les blés au mois d'août. Il était même contraint d'emprunter de toutes parts pour boucler ses fins de mois ! Et cela malgré les nombreux jetons de présence qu'il percevait pour sa participation à divers conseils d'administration, Saupiquet, la Compagnie Financière, des compagnies d'assurances, les Sucreries, etc. Comme bien d'autres, je lui ai prêté de l'argent, plus de cent mille francs en 1985, dont une partie était destinée à son fils qui travaillait pour le compte d'Akram Oger, homme d'affaires bien connu dans les années 80. Ce fils voulait créer une forcerie d'endives au Canada, mais en fait son financier, las d'attendre son retour sur investissement, surtout dans un pays qui à l'époque ne consommait pas d'endives, lui coupa les cordons de la bourse, avec pour conséquence que le fiston, exsangue financièrement parlant, avait recours à papa pour payer ses dettes !

Pensant me faire patienter quant au paiement de sa dette à mon égard, Étienne m'annonça un beau jour, au cours d'un dîner chez *Edgar* – cantine de luxe à l'époque, rue Marbeuf, du Tout-Paris politique, de la presse politique en particulier et de la presse en général – qu'il avait l'intention de me proposer pour faire partie de la toute prochaine promotion de la Légion d'honneur! Certes, j'avais déjà été décoré de médailles militaires que je ne porte jamais, et j'étais très sensible à son offre, mais je lui répondis avec beaucoup de précautions, pour ménager sa susceptibilité, que tout en étant très honoré de son intention il valait mieux que nous ne soyons plus en compte pour que je n'aie pas l'impression de payer ma Légion d'honneur. En effet, tous les mois il trouvait un prétexte pour différer le remboursement de mes prêts, alors cette fois encore mon ego prit le dessus, ce qui fait que je n'ai jamais été remboursé et que je n'ai pas eu non plus la Légion d'honneur...

Étienne n'a pas apprécié ma réponse, et surtout, surpris, il m'a pris pour un imbécile, en quoi il n'avait pas tort, mais dans une de ces pirouettes dont il avait le secret il m'assura que ce n'était une question que de quelques jours pour que ses affaires se dénouent, puisqu'un grand groupe de BTP allait lui verser une somme importante attendue de longue date, mais qu'en attendant il avait besoin d'aider encore une fois son fils. Devant mon scepticisme silencieux, il me demanda d'être le témoin discret, quelques jours plus tard, d'un rendez-vous à son domicile avec le président du groupe de BTP en question, à l'origine de cet engagement financier. Le jour dit, il me demanda de me dissimuler dans la pénombre de sa salle à manger, laquelle jouxtait un salon dont la porte vitrée était ornée de rideaux en toile blanche. Après le coup de sonnette du visiteur en question et les politesses d'usage, Étienne Dailly demanda à son vis-à-vis s'il avait bien son argent, qu'il attendait depuis si longtemps, et reçut pour toute réponse qu'il était de plus en plus difficile de dégager des commissions, que l'opération à laquelle il se référait n'avait pas généré la marge escomptée, mais que par contre s'il pouvait l'aider juridiquement à démêler une autre affaire importante, alors il pourrait non seulement régler l'arriéré, mais prévoir un supplément substantiel, et rapidement. Étienne lui a répondu qu'il regarderait le dossier, et après avoir échangé des banalités ils se sont séparés.

Étienne est venu me rejoindre en déclarant, avant même que j'aie le temps de faire le moindre commentaire : *Tu as entendu, tu as bien entendu ! C'est comme ça depuis près de trois ans ! Il trouve toujours le moyen de me demander une autre intervention pour pouvoir me payer !* Il semblait réellement furieux...

J'ai dépanné Étienne Dailly une dernière fois, et le temps a passé. J'ai perdu l'argent et pas eu les honneurs... Même son entrée au Conseil Constitutionnel ne lui a pas suffi pour éponger ses dettes. Ses multiples secrétaires, ses bonnes œuvres auprès des élus de Seine-et-Marne, son train de vie, son élevage de bovins et ses terres agricoles lui ont coûté beaucoup plus qu'ils ne lui ont rapporté, et même son avion privé, un petit bimoteur acheté d'occasion dix ans auparavant était en location dans une agence spécialisée... Tant et si bien que dans les semaines qui ont suivi son décès sa femme a dû quitter l'appartement de l'avenue Victor Hugo dans le seizième, sommée par la compagnie d'assurances propriétaire de vider les lieux pour cause de loyers impayés...

Hélas oui, la fortune d'Étienne Dailly c'était ça ! Sa fortune, sa richesse réelle, c'était d'être un véritable serviteur de l'État, avec une connaissance tout à fait exceptionnelle de la Constitution et du droit français. Malgré tout, malgré ce que ça m'a coûté, je n'ai jamais regretté cette époque de ma vie. Et chacune de nos rencontres, sur le terrain politique en Seine-et-Marne, au comité directeur du Parti radical aux côtés de Françoise Giroud – qui, en plus de son charme naturel, avait un don exceptionnel de synthèse lors des débats du parti – les différents dîners qui eurent lieu chez Lipp, chez Edgar ou ailleurs, me font encore rêver. Je me souviens également que Sir James Goldsmith avait racheté le restaurant *Laurent*, avenue Gabriel en bas des Champs-Élysées, où Étienne avait table ouverte pour services rendus et où nous étions reçus comme des rois...

Tous ces moments privilégiés passés avec Étienne Dailly m'étaient devenus très précieux, probablement du fait de mes origines modestes. J'étais fier et heureux de côtoyer aussi régulièrement ce personnage haut en couleur avec sa personnalité incroyable. Sans doute me donnait-il un supplément de confiance en moi et m'aida-t-il fortement à réaliser mon parcours de vie. Je l'avoue : malgré toutes ses entourloupes, je n'ai conservé que le meilleur de nos échanges, et la fraternité exceptionnelle dont il fit preuve en tant qu'Initié à la Grande Loge Nationale Française m'influence encore aujourd'hui. Je suis persuadé que ce fut une grande chance pour moi de le rencontrer et d'avoir fait un sacré bout de chemin avec lui.

Cela dit, pendant tout ce temps il avait bien fallu que je gagne ma vie. On se souvient qu'à l'issue des élections législatives de 1978, et à la demande des investisseurs potentiels que je m'étais attachés, dans le cadre de mon travail à la Bourse, j'avais fait faire une étude de marché, dont il était ressorti qu'il fallait s'orienter vers les loisirs, le tourisme et donc l'hôtellerie. Pour implanter des hôtels, l'idée s'imposa rapidement de rechercher d'abord le soleil. Mais où ? L'Afrique du Nord, l'Afrique en général ? C'était trop de risques pour pouvoir intéresser mes clients. De plus, il n'était pas question pour nous, mes investisseurs et moi, d'évasion fiscale. Il fallait trouver une autre destination.

Or, par le plus grand des hasards, lors d'un voyage à New York pour aller voir mon frère André, un de ses amis m'a vanté les qualités et la beauté de l'île de Saint-Martin aux Antilles. J'ai eu envie de la découvrir. Saint-Martin, cette île où mes deux premiers enfants ont passé une bonne partie de leur enfance – j'ai toujours regretté que le petit dernier, Nelson, n'ait pas eu cette possibilité, lui qui aime tant l'eau et les bateaux – cette île de Saint-Martin qui faisait dire au conseiller en poste depuis huit mois auprès du ministre des DOM-TOM qu'en comparaison il ne comprenait pas l'intérêt que je pouvais porter à celle de la Réunion ! Saint-Martin qu'un grand patron de Mutuelle a tristement marqué de son passage en ne respectant aucun de ses engagements et en la calomniant pour masquer son incompétence et celle de ses conseillers. Et la presse a pris le relais, ce paradis est soudain devenu pestiféré, source de scandales financiers. Ceux qui écrivaient et écrivent toujours sur Saint-Martin n'ont encore pas trouvé mieux pour passer leurs vacances en prétextant une enquête...

Mais moi, après un premier voyage de reconnaissance, fin 1977, je suis revenu plein d'enthousiasme pour cette merveille française. Blottie dans la mer des Caraïbes, à la porte des États-Unis, cette île avait tout pour séduire mes investisseurs.

Le succès ne fut pas au rendez-vous. Mes investisseurs se sont demandé ce que j'allais bien pouvoir y monter comme opération. Cet endroit leur semblait au bout du monde. Une île inconnue ! Je me dois de vous rappeler qu'à l'époque, en 77, il n'y avait pas de vol direct de Paris. Il fallait passer par la Guadeloupe, Pointe-à-Pitre, et attendre parfois plusieurs heures dans l'aérogare surchauffée pour, ensuite, être entassée dans un petit avion sans air conditionné où, en général, il faisait plus de trente-trois degrés dans la cabine jusqu'à ce qu'on soit en altitude, et à ce moment-là tomber à dix-huit degrés, c'est-à-dire se geler.

En conséquence je dus m'organiser entre Saint-Martin, la Bourse et la politique, dont mon échec ne m'avait pas découragé pour autant. Je devais prendre conseil auprès de divers professionnels de la construction, de la chambre Syndicale des Constructeurs-Promoteurs, de la Direction Départementale de l'Équipement, de l'Aménagement, etc. Un mois après mon premier voyage, je repartis, cette fois bien décidé à trouver un terrain pour faire un hôtel d'une centaine de chambres – il n'en existait sur place qu'une soixantaine et en très mauvais état.

Un tour de l'île par la route, puis à moto pour accéder aux criques, me permit de repérer certains terrains bien placés. C'est au voyage suivant, et après une semaine de recherche en faisant le tour de l'île en bateau, que j'ai découvert l'anse : *l'anse Marcel* ! C'est en consultant la carte IGN que je l'ai appris, son nom correspondait à mon prénom ! Pur hasard diront les uns, un signe diront les autres, dont je fais partie. En tout état de cause un site idyllique, vierge, une plage de sable blanc de cinq-cents mètres, bien à l'abri des vents, entourée de petites montagnes verdoyantes, et dont l'accès se faisait par un bien modeste chemin muletier – bien qu'il n'y ait pas de mule.

Mon choix était fait, et à partir de ce moment-là, en 1980, ce projet hôtelier à Saint-Martin allait mobiliser une majeure partie de mon temps et de mon énergie.

CHAPITRE 6

Franc-maçonnerie et Caraïbes :
la rencontre avec Jean Mons

Mais il est temps maintenant que je parle de quelque chose qui m'a beaucoup occupé aussi pendant toutes ces années-là. C'est, sans conteste, la franc-maçonnerie qui a profondément marqué ma vie. Ma rencontre avec elle a débuté en Mai 1976. C'est en dialoguant avec un ami au cours d'un repas *Chez Clémentine*, bistrot sympathique situé dans la Galerie Vero-Dodat, dans le quartier de la Bourse, alors que je défendais la nécessité de moraliser les Marchés et que nous discutions avec passion de l'épopée des bâtisseurs de cathédrales, que je fis la connaissance de Marc Barreyre, qui devint mon parrain. Il déjeunait à la table voisine, et à la fin du repas il m'aborda directement, me demandant si j'avais un moment pour prendre un café, il souhaitait me parler. Surpris, j'acceptai.

Il se présenta comme maire de Mormant et conseiller général de ce canton en Seine-et-Marne. Et il était le correspondant du journal d'annonces légales *Les Petites Affiches* dont les bureaux se trouvaient juste à côté. Il avait entendu ma conversation au cours du déjeuner et avait été intéressé par les valeurs morales que j'avais développées.

Il m'a demandé si j'appartenais à un *club philosophique*. Voyant ma perplexité, il m'expliqua qu'il était franc-maçon, et pour quelles raisons ma conversation avait retenu son attention. Vénérable Maître d'un Atelier *La Pierre Angulaire n° 129* à la Grande Loge Nationale Française, il exprima son souhait de poursuivre plus longuement cet entretien. Échange donc de cartes de visite, avec promesse de se rappeler. Et la semaine suivante, nous nous sommes en effet retrouvés dans le même restaurant. Il me parla avec une grande conviction et une belle éloquence de la franc-maçonnerie et de sa foi en la fraternité pour aplanir les montagnes que notre société actuelle élevait entre les êtres humains.

J'avais eu l'occasion d'entendre parler de la franc-maçonnerie par mon père, bien que lui-même n'en fasse pas partie, mais son grand-père appartenait au Grand-Orient de France, je pense dans les années 1885/90, et j'ignore son degré. Ses décors et ses archives avaient été brûlés par mon père pendant l'Occupation allemande. Il ne restait que des bijoux d'officier de Loge, au fond d'un tiroir, dans un vieux secrétaire perché sur une mezzanine dans son atelier, loin des regards profanes. Ces bijoux de Loge, très rustiques, avaient été fabriqués en fer-blanc et en zinc, et un petit morceau de tissu dont les couleurs entre jaune, rouge et vert avaient quasiment disparu permettait de fixer le tout à la veste avec une aiguille. Il s'agissait en réalité de médailles de Loge et de vieilles épées rouillées, dont une flamboyante, ce qui m'a fait supposer, mais ce n'est qu'une supposition, qu'il était peut-être le Vénérable de sa Loge. Ce n'est que quelques mois avant le décès de mon père que j'ai découvert tout ça, lorsque mon frère aîné a décidé de faire du ménage, en vérité de tout jeter, y compris une armoire dont les portes cachaient une patente maçonnique de 1815, sans aucune valeur, dixit mon frère...

Celui qui devint donc mon parrain en Maçonnerie m'encouragea à rejoindre cette belle et grande famille – sic. Il réussit à me convaincre en évoquant l'histoire des bâtisseurs de cathédrales, et mentalement je me revoyais sur les clochers avec mon père, je l'entendais encore me parler des Compagnons du Tour de France et des techniques apprises région par région pour réaliser une *noue* ou un *arêtier*. De très belles histoires! Notre déjeuner s'est éternisé, nous n'avons pas vu le temps passer!

C'est en 1977, alors candidat aux législatives en Seine-et-Marne, que j'ai réellement connu mon parrain. À ce moment-là j'ignorais qu'au-delà de la Maçonnerie nos chemins se croiseraient à nouveau. Je ne pouvais pas savoir que, sans appartenir à la même famille politique que la sienne, j'allais l'aider à être réélu, lui comme *radical de gauche*, et moi comme *radical valoisien*. Il faut dire que quelques semaines avant les législatives j'avais été élu vice-président de l'UDF – Union pour la Démocratie Française – pour la Seine-et-Marne, structure créée par tous les partis qui soutenaient la majorité présidentielle. Et en 1979, avec la complicité de mes amis, et celle, malicieuse, d'Étienne Dailly – nous avions le même parrain ! – nous avons investi un candidat UDF contre Marc Barreyre, avec l'engagement formel de celui-ci se retirer avant les inscriptions en Préfecture, ce qui a permis à Marc de conserver son fauteuil au conseil Général, opération que nous avons renouvelée aux élections cantonales suivantes.

Et c'est ainsi que, le 27 septembre 1977, après les formalités d'usage, enquêtes menées par le Second Surveillant et par le Vénérable Maître de la Loge, j'ai été convoqué au 65, boulevard Bineau, à Neuilly, pour la cérémonie dite du *Passage sous le bandeau*, suivie une demi-heure après de la Cérémonie d'Initiation. Oui, c'est ainsi que j'ai été reçu au sein de la Respectable Loge *La Pierre Angulaire n° 129* qui pratiquait Rite écossais rectifié. Le règlement imposant un second parrain, Marc m'a présenté l'un de ses proches, Yvan Thodorine, Vénérable Maître d'un autre Atelier, *Pythagore*, qui, lui, pratiquait le Rite Émulation... Je me suis donc retrouvé appartenir à deux Loges à la fois, pratiquant deux Rites différents ! J'ai appris par la suite que c'était le meilleur moyen pour mettre trois fois plus de temps à commencer de comprendre où l'on est et ce que l'on y fait !

C'est donc ainsi que j'ai commencé mon parcours maçonnique,

fier d'être non seulement sur les traces des bâtisseurs de cathédrales, dixit mon parrain, mais aussi fidèle à mon arrière-grand-père, que je n'avais jamais connu, mais dont les qualités morales et professionnelles m'avaient maintes fois été données en exemple par mon père lors de mon apprentissage.

Les sept premières années de mon parcours maçonniques furent jalonnées d'anecdotes. Celles-ci m'aidèrent souvent à prendre conscience que bien comprendre les êtres humains, francs-maçons ou pas, n'était pas chose facile, mais elles m'ont aussi persuadé qu'il devait y avoir une face cachée de l'itinéraire initiatique qui expliquait comment, contre vents et marées, cet *Art Royal* avait bien pu traverser les tempêtes pendant des siècles, avec des hauts et des bas bien sûr, mais sans disparaître !

Assidu aux Tenues de ma Loge mère deux fois par mois, je fis les Planches que l'on me demanda, alors que je n'avais absolument aucun don pour ça, je peux même dire que j'étais gêné du fait de mon manque d'érudition, de mon ignorance dans tout ce qui concerne la philosophie.

En vérité mes surveillants successifs brillèrent par leur grande passivité, et tout au long de mes quatre premières années l'on ne me proposa jamais aucune formation, pas même une simple rencontre, juste pour échanger ou m'aider à comprendre. De plus nous n'avions pas le droit d'avoir le texte des Rituels tant que nous n'étions pas maîtres, un non-sens !

Globalement, chacune de mes questions avait pour seule réponse : *Tu es trop jeune pour comprendre, ce n'est pas de ton Degré, tu comprendras plus tard !* On ne me répondit même pas quand je demandai au Premier Surveillant une explication sur la signification symbolique des trois fenêtres figurant sur le *Tableau de Loge*... au premier degré, le mien ! Je pris donc mon mal en patience jusqu'à mon passage au degré de Compagnon puis de Maître Maçon, en un peu plus de cinq années.

Un matin, invité au cours de mes nombreux déplacements sur l'île de Saint-Martin par le Grand Secrétaire de l'époque, Yves Trestournel, à la réunion annuelle des Loges des Caraïbes, Guadeloupe, Martinique et Guyane, je me trouvais sur le ponton de l'hôtel Méridien, aux Trois Îlets, en Martinique, où je séjournais pour assister au dîner auquel j'étais convié, donné en l'honneur du Grand Maître et des Frères accompagnés de leurs épouses. C'est alors qu'un homme très élégant, élancé, d'environ soixante-dix ans, en short et chemisette, mais d'allure martiale, m'a abordé, presque en s'excusant, après avoir longuement détaillé le bateau et ce que j'étais en train de faire. Nous avons d'abord échangé des banalités, mais j'ai vite compris qu'il désirait faire un tour en mer. C'est lui qui a largué l'amarrage au quai. Et nous sommes partis tous les deux pour faire le tour du Diamant, nom du rocher qui fait face à la ville du même nom.

Après un moment de pause et de silence, le temps de s'éloigner de la côte, il m'a remercié de lui permettre d'échapper pour quelques instants à l'emprise du groupe qui l'accompagnait. Et pendant que nous faisions tranquillement le tour du rocher, nous avons parlé tous les deux de ce que je faisais là, je lui ai expliqué que je souhaitais construire un complexe hôtelier sur l'île de Saint-Martin et procéder à la rénovation de l'hôtel Séréno Beach de Saint-Barthélemy. Il s'est montré très intéressé de m'entendre développer mon analyse des spécificités de chacune de ces îles et de leurs habitants, et la température de l'eau, vingt-sept degrés toute l'année, l'a fait rêver. Pour finir, je lui ai proposé de partager un poisson grillé dans une paillote sur la plage en face de nous.

Nous avons donc accosté au ponton de Sainte-Luce, sachant qu'à l'époque c'était la seule paillote sur la plage. Nous n'avions pas le choix, même si les tables et les bancs avaient manifestement dû essuyer un certain nombre de tempêtes ! Mais de toute évidence nous avions faim et soif, et ce petit restaurant répondit parfaitement à nos attentes, en particulier à notre envie de poissons ou de langoustes grillés. Le patron était jovial, souriant, la fumée du barbecue attirante, tout s'annonçait fort bien : nous étions détendus, heureux.

C'est dans ces conditions particulières, peu banales, que j'appris que mon passager et compagnon de promenade s'appelait Jean Mons, et qu'il était le Grand Maître de la GLNF, Grande Loge Nationale Française, l'obédience dont je faisais partie ! Il était en déplacement avec le groupe auquel Yves Trestournel m'avait convié, et c'est lui qui présiderait l'Assemblée générale des Loges de Guadeloupe, Martinique et Guyane, suivie de la soirée en présence des épouses des Frères pour laquelle j'étais venu moi-même de Saint-Martin.

Soit dit en passant, j'avoue qu'à cette époque je m'interrogeais sérieusement sur mon devenir maçonnique, et sur ma présence au sein de l'obédience. En effet les « sachants », si tant est qu'ils l'aient été, pontifiaient, et moi à chaque Tenue je ressortais avec l'impression d'être encore plus stupide que lorsque j'y étais entré, alors que dans mon esprit ça aurait dû être l'inverse... Sans oublier le proverbe qui dit que si Dieu nous a fait deux oreilles et une seule bouche, c'est pour écouter deux fois plus qu'on ne parle... Mais lorsque je m'en suis ouvert à Yves Trestournel, il sut immédiatement trouver les mots qu'il fallait pour me faire prendre patience. Il m'expliqua que je devais tracer mon sillon seul, avec la volonté de travailler sur moi-même, d'une certaine façon sans m'occuper des autres, pour la bonne raison que je ne changerais pas l'existant, mais que la seule chose que je changerais ce serait moi.

Et au fil du temps, Yves et moi, au-delà de la simple fraternité, nous nous sommes liés d'une réelle amitié. Elle m'a permis d'avoir le triste privilège de lui fermer les yeux, à l'hôpital de Neuilly, après avoir recueilli son dernier soupir aux côtés de Régine, sa merveilleuse épouse qui a sacrifié sa vie de famille pour que son mari puisse bâtir cette grande fraternité qui nous unissait tous. Et je n'oublie pas non plus ses deux filles Béatrice et Marie-Christine qui nous attendaient dans le couloir, et aussi notre Frère Guy Kornfeld qui était également présent pour lui dire adieu.

Pour en revenir à ce dîner maçonnique, comme j'avais bien sûr informé mon entourage de mon projet de programme hôtelier à Saint-Martin, Yves avait insisté pour que j'assiste à l'Assemblée générale. Ce que j'ai fait. Et c'est ainsi que je me suis retrouvé en Martinique, qui plus est en compagnie du Grand Maître de l'obédience à laquelle j'appartenais ! Oui, Jean Mons en personne, un homme qui, même s'il conservait une immense modestie, avait eu une carrière exceptionnelle de haut fonctionnaire, et dans des postes à responsabilités de première importance, aux côtés du Général de Gaulle qui l'avait nommé secrétaire général de la Préfecture de Paris à la Libération, Résident général de France en Tunisie pour l'Indépendance, président de chambre à la Cour des Comptes, etc. Quant à sa carrière maçonnique, il avait été élu Grand Maître de la GLNF en 1980, renouvelé trois fois, jusqu'à son décès en mai 1989.

Toujours est-il que nous étions, le Grand Maître et moi, les pieds dans le sable, face à la mer émeraude, attablés sous une paillote en train de déguster nos langoustes ! Notre déjeuner s'éternisa jusqu'à presque seize heures ! Ceci dit avec humour, il me faut préciser qu'il s'agissait de petites, toutes petites langoustes, d'une taille en réalité assez limite quant à la réglementation, mais délicieuses, arrosées d'une *sauce chien* légèrement pimentée, et accompagnées de bananes plantain grillées, le tout accompagné d'une bouteille de rosé de Provence. Nous étions assis face-à-face sur un banc pas très stable – une simple planche plutôt rugueuse – et ça m'a fait repenser à l'expression : *Quand la pièce de théâtre est bonne, on n'a jamais mal aux fesses !*, eh bien là, la pièce était excellente !

Bref, j'étais sous le charme de ce haut personnage de la République française avec lequel j'avais le sentiment de partager un moment précieux. Le soleil, aux Antilles, se couche tôt, et nous avons dû rentrer rapidement avant la nuit. Debout à l'avant, tenant le bout d'amarrage, Jean Mons fléchissait les jambes sur les petites vagues avec un sourire jusqu'aux oreilles, ça valait la photo. J'ai toujours regretté de ne pas avoir emporté mon appareil – nouvellement acheté à Philipsburg. C'est qu'il n'existait pas encore de téléphone portable, encore moins avec un appareil photo à l'époque !

À peine de retour au ponton, devant l'hôtel Méridien, un certain nombre de Frères nous ont fait part de l'inquiétude qu'ils avaient éprouvée pour le Grand Maître qui avait quitté l'hôtel sans prévenir qui que ce soit, personne n'étant au courant à l'exception d'Yves qui nous avait aperçus en train d'embarquer alors qu'il prenait le petit-déjeuner à la terrasse.

Je m'amusai beaucoup de cette situation assez cocasse. Le lendemain matin, Yves m'a demandé si je pouvais leur faire traverser la baie de Fort-de-France, Jean et lui, pour qu'ils participent à un entretien pour le journal RFO Télé, ce qui leur éviterait de prendre le car tout en leur procurant le plaisir de faire la traversée en bateau, à l'air libre.

Cette journée est aujourd'hui encore gravée dans ma mémoire. D'ailleurs Jean a toujours son portrait, en bonne place, dans mon bureau !

Je rappelle que Jean Mons avait pris la suite d'Auguste-Louis Derosière à la Grande Maîtrise de la GLNF. Tous deux ont été des Grands Maîtres exceptionnels, c'est eux qui ont tout fait, je dis bien tout pour que la Grande Loge Nationale Française s'enracine dans le paysage maçonnique français, ce qui n'a pas été une mince affaire. Tous les deux, en vingt ans, ont réussi à développer l'obédience en la faisant passer de deux mille cinq cents à près de huit mille membres, tout en préservant l'harmonie entre tous... Une très belle époque, *Les années bonheur*, comme dirait Patrick Sébastien...

Avec Jean, de retour à Paris, nous avons eu encore de nombreuses rencontres, et j'aime à souligner que l'attitude du Grand Maître fut toujours humble, chaleureuse et fraternelle avec moi, mais également avec tous ceux qui le côtoyaient. Nos nombreux déjeuners *Chez Rech*, avenue des Ternes, étaient chaque fois des moments précieux, exceptionnels. Et tout comme j'appréciais d'écouter Yves, je prenais plaisir à retenir ses conseils, toujours habités d'une sagesse acquise par l'expérience des hommes. À cette époque, son bureau de Grand Maître était situé au premier étage du 65, boulevard Bineau à Neuilly, locaux que les obédiences américaines avaient grandement contribué à financer après la Guerre de 40. Son bureau jouxtait celui d'Yves, qui était face à l'escalier, ainsi tous pouvaient le saluer en passant et échanger quelques mots. J'ai compris dès cette époque que la fraternité devait se pratiquer au contact, proche de tous, à l'écoute, particulièrement des Vénérables qui sont en première ligne avec les Surveillants de chaque Loge. C'est aussi ça, et surtout ça, que chacun attend de la franc-maçonnerie en y entrant.

Durant toute cette époque le temps m'était pourtant compté puisque je menais deux activités de front : d'intenses occupations professionnelles à Saint-Martin donc, avec l'aménagement d'une ZAC, Zone d'Aménagement Concerté, où étaient prévue la réalisation d'un port de plaisance d'une capacité de 150 bateaux en première phase, d'un petit centre commercial et d'un premier hôtel de deux cent cinquante chambres quatre étoiles, *L'Habitation de Longvilliers*, plus à Meaux un programme de logements, et à Lille trois opérations de construction et de rénovation immobilière, mais aussi, en même temps, des activités politiques puisque j'étais toujours président de la Fédération de Seine-et-Marne du parti Radical Valoisien, et donc candidat aux élections, ce qui fait que ça m'obligeait en général à séjourner en alternance une semaine à Paris, l'autre à Saint-Martin, ce que j'ai fait pendant dix-huit ans, de 1977 à 1996.

De 1977 à 1996, j'ai donc vécu des années pleines où je récupérais mes manques de sommeil dans la voiture et l'avion, mais j'ajouterai que j'ose ici les qualifier d'années inoubliables. En effet, c'est à cette époque-là que je me suis remarié et qu'avec Véronique, ma seconde épouse, nous avons eu le grand bonheur d'avoir trois enfants, deux filles, Leslie et Jennifer, et un garçon, Nelson. Je conserve intacte dans ma mémoire la première fois que chacun des enfants a serré sa main sur mon doigt, et puis leur premier regard... Cette expérience de la paternité, à quarante-deux ans, après tant d'années sans enfant, m'a beaucoup apporté, y compris dans ma quête initiatique. La naissance et la renaissance, la responsabilité d'éduquer, d'élever, de transmettre, d'éclairer le chemin de vie de mes enfants, et même si souvent le temps me manquait, tous ces moments passés avec eux, ensemble, tout cela a toujours été à mes yeux quelque chose d'intense et de passionnant, et j'espère sincèrement qu'il en a été de même pour eux, particulièrement pour Nelson, qui était encore bien petit à l'époque. Je n'ai pas pu donner tout ce que je voulais, mais j'ai donné tout ce que je pouvais à l'époque. Au sujet de Nelson, je crois que sur le moment j'ai choisi son prénom en réaction à Étienne Dailly, à cause de son admiration pour l'Empereur Napoléon, l'Amiral Nelson étant son pire ennemi... car Dieu sait si au fond je l'aimais ce cher Étienne, lui et son immense intelligence, et malgré tout sa réelle Fraternité, mais il avait aussi le don de m'agacer, surtout sur le plan financier, ses remboursements je les attends toujours...

CHAPITRE 7

Intronisé Grand Maître
de la nouvelle Province des Caraïbes

Pour en revenir à ce qui s'était passé aux Antilles, au cours de l'année qui a suivi notre escapade en mer avec Jean Mons et les différents séjours à Saint-Martin d'Yves Trestournel, en 1985, tous deux m'informèrent des difficultés qu'il y avait avec les Frères des Antilles justement. Les Martiniquais voulaient imposer leur autorité aux Guadeloupéens et aux Guyanais, et vice-versa. Ils adressaient tous leurs doléances tantôt à Jean Mons, tantôt à Yves. Il ne se passait pas de semaine sans qu'un problème sérieux ne soit levé par les uns ou par les autres. Jean et Yves n'étant pas sur place, ils étaient contraints d'écouter les Frères de passage qui assiégeaient littéralement leur bureau à tour de rôle.

Avec Jean et Yves, nous parlions souvent de mes activités à Saint-Martin. Ils suivaient l'évolution de mon chantier avec beaucoup d'intérêt. Tant et si bien qu'un soir, lors d'un de nos dîners avec Jean dans son restaurant préféré, au *Rech* avenue des Ternes, le sachant seul pour Noël je lui ai proposé de venir passer les fêtes de fin d'année avec ma famille à Saint-Martin. Très enthousiaste, il a immédiatement accepté de venir partager un moment de vie familiale au soleil, alors qu'à Paris évidemment... Il m'a demandé avec beaucoup de délicatesse de pouvoir profiter de son séjour pour réunir les délégués des trois régions qui s'opposaient les uns aux autres, afin de les entendre en même temps tous ensemble. Ce qui fut organisé entre Noël et le Nouvel An.

En attendant le jour convenu pour cette réunion, Jean découvrait Saint-Martin et Saint-Barthélemy. À vue d'œil cet homme de soixante-dix ans rajeunissait ! Nous avions une petite villa en bord de mer à Grand Case, et Jean se baignait plusieurs fois par jour, il insista même pour m'accompagner en mini-catamaran, un minuscule *Hobby 4*, dont les flotteurs se levaient au moindre vent, et nous avons fait un aller-retour Anguilla, une île à six kilomètres environ en face de Saint-Martin, avec déjeuner sur la plage. Jean était par ailleurs passionné en visitant le chantier de l'Anse Marcel à Saint-Martin, il s'intéressait à tout et posait mille questions. Nous avons passé Noël et le Nouvel An avec les enfants, et nous sommes allés déjeuner à Saint-Barthélemy pour le Premier de l'an.

Le jour de la réunion avec les délégués étant arrivé, je les accueillis à l'aéroport de Grand Case, à trois minutes de la maison. Ils se sont installés avec le Grand Maître dans le salon, et je me suis éclipsé sous prétexte que j'avais un rendez-vous de chantier...

J'ai retrouvé Jean et la délégation antillaise pour le déjeuner. L'ambiance générale était quelque peu tendue. Après leur départ, Jean m'a expliqué qu'il ne voyait pas d'issue, que cette querelle était une querelle d'ego ingérable, qu'il s'en entretiendrait avec Yves et ses assistants dès son retour pour trouver le moyen de les mettre d'accord, afin qu'ils puissent travailler, chacun chez soi, dans la sérénité.

Le 4 janvier Jean et moi avons repris l'avion pour Paris. Dès la semaine suivante, nous avons déjeuné ensemble, et je lui ai annoncé avoir réuni quelques frères installés à Saint-Martin et donc que je souhaitais ouvrir une Loge *La Fraternité Saint-Martin* – qui portera finalement le n° 407. Tout de suite il a approuvé l'initiative et, quelques jours plus tard, m'a proposé de profiter du fait qu'Yves devait revoir les délégués en février pour procéder à la consécration de la Loge en même temps. En l'absence de temple, des bâtiments construits en bois précieux de Guyane et recouverts de bardeaux de bois faisaient parfaitement l'affaire.

En trois mois j'ai réuni les douze Frères nécessaires pour ouvrir la Loge de Saint-Martin. Je dis Frères puisque, dois-je préciser pour ceux qui l'ignoreraient, la GLNF, Grande Loge Nationale Française, n'est pas une obédience mixte, contrairement à la future GLCS, Grande Loge des Cultures et de la Spiritualité que j'ai créée et qui a ouvert son premier Atelier – sa première Loge – fin 2000 *Thomas More N° I*.

Après avoir effectué les formalités d'usage, la demande a été validée par le Souverain Grand Comité, et le Grand Maître a accordé la patente indispensable à toute ouverture de nouvelle Loge, en précisant que la cérémonie de consécration – il n'y a pas à proprement parler *d'allumage des feux* à la GLNF – se ferait sous l'autorité d'Yves Trestournel, Grand Secrétaire.

Très vite est arrivé le 30 mars 1985, jour de la consécration, beaucoup trop vite quand on songe à l'importance de l'organisation à mettre en place. Toujours est-il que, deux jours avant, Yves Trestournel, accompagné de Louis Sidéry et de Roger Latapie, Grands Officiers de l'Ordre, nous a rejoints sur place. La route d'accès au site de l'Anse, voie privée, a été gardée, avec obligation d'avoir un laissez-passer, pour que seuls les participants puissent y accéder, et que nous puissions donc procéder à la cérémonie en toute intimité en dépit du fait que seul le toit soutenu par quelques poteaux nous abritait...

Au dernier moment Yves m'a annoncé qu'il avait invité trois délégués avec leurs adjoints, représentant la Guadeloupe, la Martinique et la Guyane, pour se joindre à nous et lui permettre de faire le point suite à la réunion avec le Grand Maître trois mois plus tôt. C'est donc dans la précipitation que nous leur avons réservé les chambres, à l'époque peu de chambres étaient disponibles, et loué les véhicules nécessaires à leur réception.

Le matin du 30 mars, ce fut l'effervescence pour accueillir les délégations de l'île d'Anguilla, de Saint-Kitts, de Montserrat et d'Antigua. Étaient également présents les Frères de la partie hollandaise de l'île de Saint-Martin et les Frères du GODF, Grand Orient de France, soit au total plus de quarante présents sur les Colonnes! Vers onze heures Yves a ouvert les Travaux avec les deux autres Grands Officiers. Et tout ça dans le Temple improvisé avec des plateaux de parpaings recouverts de planches elles-mêmes habillées de tissu rouge bordeaux, tout comme les bancs des Colonnes, les décors étant dessinés à la main! C'est d'ailleurs à cette occasion que j'ai décidé de tracer le Tableau de Loge pour la toute première fois, et je ne l'avais jamais vu tracer dans aucune Loge auparavant, elles déroulaient simplement le morceau de toile cirée sur laquelle les symboles étaient imprimés...

La Cérémonie de Consécration s'est finalement déroulée dans le plus grand respect du Rituel, avec une grande rigueur fraternelle, Yves étant orfèvre en la matière. Après avoir fait sortir les Frères qui n'avaient pas encore été installés Vénérable Maître, le Très Respectable Frère Installateur s'est retrouvé avec moins de dix Frères présents, et Yves Trestournel m'a installé dans la chaire du Roi Salomon en tant que premier Vénérable Maître de la Respectable Loge *La Fraternité Saint-Martin n° 407*. Je ne peux pas vous décrire l'émotion ressentie lors de cette cérémonie. Oui, ce fut un grand, un très grand moment de ma vie!

En quelques instants j'ai accumulé tellement de Lumière, et en toute conscience, que j'ai réalisé, sans aucun doute possible, à quel point la voie initiatique correspondait bel et bien à ma démarche d'origine. Et que je devais partager ce bonheur initiatique, comme l'a si bien écrit Alain Pozarnik.

Encore aujourd'hui j'en éprouve une grande émotion. Je revois l'Épée Flamboyante, le Maillet et la Patente. Puis, selon l'usage, a eu lieu la Cérémonie secrète entre Vénérables Maîtres pour qu'après mon serment me soient transmis la philosophie et les devoirs de ma charge.

Et après avoir été honoré par les Consacrants, placé dans le siège de Vénérable Maître, ce fut à mon tour de recevoir tous les Frères restés sur les Parvis... Chacun prit la parole et m'adressa des messages chaleureux et fraternels. Et je n'oublie pas non plus l'Installation du Collège des Officiers et le rappel du futur rôle de chacun d'eux. Enfin j'aime à me souvenir, à la fin de la cérémonie, le moment où chacun est venu me donner l'accolade fraternelle pour m'encourager dans l'exercice de ma nouvelle charge – très peu de temps après, j'ai compris le pourquoi de ces encouragements...

Ensuite nous nous sommes tous retrouvés à la villa pour partager un buffet particulièrement convivial, avant que chacun ne regagne son hôtel vers dix-sept heures. Le dernier invité parti, je me suis changé en vitesse et je suis parti faire un long jogging pour décompresser ! Via le petit chemin escarpé par devant l'aéroport de Grand Case et l'Anse Marcel, derrière la colline, environ huit kilomètres aller-retour.

Le lendemain dimanche, Yves ayant convoqué les trois Frères délégués et leurs adjoints, nous nous sommes réunis dès sept heures et demie – les journées commencent tôt aux Antilles – pour partager le petit-déjeuner dans le salon... Et après quelques propos élogieux sur la Consécration de la veille, Yves a donné la parole à chacun. En fait ils reprirent leurs griefs, les mêmes qu'ils avaient développés quelques mois auparavant, chacun estimant qu'il était seul en capacité de pouvoir légitimement représenter le Grand Maître auprès de tous. Après trois heures d'échanges, plus stériles les uns que les autres, Yves leur déclara, à ma grande stupéfaction, qu'il avait une communication du Très Respectable Grand Maître Jean Mons à leur intention. Laquelle disait en substance : *Afin de mettre un terme aux rivalités qui perdurent depuis plus de quatre ans, le Souverain Grand Comité, en accord avec le Très Respectable Grand Maître Jean Mons, nomme le Vénérable Maître Marcel Laurent Grand Maître Provincial des Caraïbes, avec la charge de ramener l'ordre et de développer l'harmonie entre les Loges existantes, lui attribuant tous les pouvoirs pour qu'il en soit ainsi. Il a pour charge également de développer les relations fraternelles avec toutes les obédiences régulières implantées dans les Caraïbes et au Venezuela.* Il s'ensuivit un long silence. Seul le ressac de la mer, aux pieds de la villa, berçait la méditation des Frères présents, et, moins romantique, le cliquetis des tasses et des cuillères... J'étais, quant à moi, si-dé-ré ! Cela faisait beaucoup de choses en deux jours. Et je me demandais comment en tant que tout jeune Maître, et Vénérable depuis seulement quelques heures, j'allais pouvoir faire face à ces vieux briscards, pardon, dignitaires, chargés de quinze ou vingt années de franc-maçonnerie...

Sur la demande insistante d'Yves, j'ai dû prendre la parole. Après avoir remercié ce dernier, j'ai demandé que chacun des Frères présents me fournisse un rapport relatant leurs souhaits et les différents points de divergence qu'ils avaient entre eux, en tenant compte qu'aucun d'entre eux n'avait un quelconque droit de regard, encore moins d'ingérence, sur les trois régions...

Et j'ai proposé à l'aîné, Victor Dordone, assurément le plus vindicatif des présents, en précisant au bénéfice de l'âge, de prendre la fonction de Député – d'être mon adjoint – à mes côtés, en spécifiant au passage qu'aucune initiative ne pourrait être prise sans mon assentiment formel.

Nous eûmes par la suite des discussions mercantiles d'ordre général. Et pour finir, après un repas de midi bien arrosé, tout ce beau monde prit l'avion du retour vers la Guadeloupe, la Martinique et la Guyane.

En fait, Yves me donna ensuite l'explication de ce qui s'était passé et de la façon dont je m'étais retrouvé nommé Grand Maître Provincial. Nous étions tous les deux en train de marcher sur la plage de Grand Case, en maillot de bain, le coucher de soleil était magnifique, quand il me dit avec une franchise désarmante : "Tu n'aurais pas accepté si j'avais abordé le sujet avant ! Mais je faisais confiance au chef d'entreprise, et je pensais que ce n'étaient certainement pas ces vieux briscards qui allaient réussir à te faire tourner en bourrique, même s'ils se mettaient tous d'accord contre toi. Je les ai prévenus d'ailleurs qu'on fermerait leurs quatre Loges si ça tournait mal, la GLNF ne voulant pas ternir davantage son image vis-à-vis des obédiences actives dans la région et souhaitant éviter le risque d'un rapport à la Grande Loge unie d'Angleterre ! De plus je savais que, compte tenu de ta situation professionnelle, tu faisais des allers-retours de Paris au moins deux fois par mois. Donc tu aurais la possibilité de faire des escales en Martinique, en Guyane et en Guadeloupe, à tour de rôle. Jean et moi avons confiance en toi. Et nous n'avons pas eu de difficulté à convaincre le Souverain Grand Comité de suivre notre raisonnement, étant qui plus est soutenu par le Grand Maître et expliquant qu'étant donné que tu payais déjà tes billets d'avion l'obédience n'aurait rien à débourser !"

Voilà comment le plus simplement du monde je me suis retrouvé au bout de huit années de Maçonnerie non seulement Vénérable Maître de la Loge *La Fraternité Saint-Martin*, mais aussi Grand Maître Provincial des

Caraïbes et par là même de facto membre du Souverain Grand Comité...
Au fond, si tout cela m'était arrivé, c'est tout bonnement parce que je
voyageais à mes frais, et qu'à cette époque, ne comptant qu'à peine
cinq mille membres, la Grande Loge Nationale Française n'avait pas les
moyens de financer de trop nombreux déplacements.

À mon retour à Paris j'invitai Jean et Yves à déjeuner pour prendre
connaissance de ma feuille de route. Je voulais juste évaluer la situation
telle qu'elle se présentait, et ne pas apparaître comme le Parisien,
le colonialiste, débarqué là pour remettre de l'ordre sur le terrain alors que
les anciens exigeaient d'avoir la place !

En fait, Jean comptait sur moi pour nettoyer les Loges rebelles en
créant de nouvelles Loges : trois en Martinique, trois en Guadeloupe, et
une en Guyane. Tel était son objectif, et il me donnait carte blanche pour
ce faire.

Mais il me donnait aussi un autre objectif, et de taille : rassembler
l'année suivante tous les dignitaires des Loges des Caraïbes, du Venezuela
et du Nord Brésil et si possible de la Louisiane, d'abord ceux de la GLNF
et de la Maçonnerie anglaise dite de Tradition, mais aussi autant que
possible ceux des autres obédiences présentes dans ces outremers, en
particulier le Grand Orient de France, très actif dans cette région. Le but
étant de faire rayonner la GLNF sur l'ensemble de ces Territoires et de
montrer à la Grande Loge unie d'Angleterre que nous occupions bien le
terrain...

En fait j'avais une année pour organiser ce rassemblement de tous
les Frères de toutes les îles des Caraïbes et au-delà, jusqu'au Bahamas,
la Barbade, les îles Vierges au nord et les Grenadines, le Surinam et le
Brésil au sud, etc. Nous devions prouver ainsi à la Grande Loge unie

d'Angleterre – à l'origine Grande Loge Mère de la Grande Loge Nationale Française – que, parallèlement au développement que la GLNF avait engagé en Afrique francophone, elle rayonnait également sur l'ensemble des Caraïbes et de la Guyane. Vaste et ambitieux programme, surtout pour quelqu'un qui, comme moi, débarquait dans la franc-maçonnerie internationale, la charge devenait beaucoup plus importante que je ne le pensais...

Toujours est-il que j'atterrissais à Fort-de-France pour ma première réunion avec les trente-cinq Frères de l'époque au PLM de la Batelière, à Schœlcher, dans une salle climatisée à outrance comme on en trouve seulement dans les pays tropicaux, lesquels souhaitent travailler à dix-huit degrés quand il en fait vingt-huit et plus au-dehors... Mais ici l'ambiance était au diapason de la température de la salle, très froide.

Victor Dordone, que j'avais désigné pour être mon adjoint lors de la réunion à Saint-Martin, fut le premier à prendre la parole pour montrer à toute l'assemblée l'ascendant qu'il avait sur le parachuté que j'étais. Sans entrer dans les détails, mais après l'avoir entendu longtemps s'exprimer en précisant qu'il parlait au nom des trois régions, j'ai à mon tour expliqué aux présents mon intention de remplir ma mission, c'est-à-dire d'écouter les trois régions séparément et de leur fixer des objectifs à chacune. En effet, si on était bien là en Martinique, personne ne pouvait parler en lieu et place des autres régions. Après avoir fait un tour de table de présentation en demandant de préciser le nombre de filleuls par intervenant, devant la pauvreté des réponses j'ai insisté sur le fait que la GLNF comptait sur chacun des Frères pour qu'il parraine au moins un Profane et que tout soit mis en œuvre pour que l'accueil de ces Profanes se fasse dans une Fraternité retrouvée digne de ce nom.

Puis j'expliquai que notre objectif était d'organiser un grand rassemblement avec le plus grand nombre d'obédiences possible implantées sur toutes les Caraïbes, la Guyane et plus encore. Nous avions un an. Pour ce faire, il fallait que le plus grand nombre d'entre nous aille visiter ces obédiences pour les inviter à s'unir sur cet objectif. Et il fallait leur préciser au passage que le rassemblement se tiendrait dans la région qui avait visité le plus et réussi à obtenir le plus grand nombre d'accords de principe concernant leur participation à cet évènement.

Je craignais plus d'opposition frontale qu'il n'y en eut, et j'en conclus qu'il serait plus subtil d'adopter sensiblement le même discours en Guadeloupe. Ma foi, l'ambiance générale y fut, je ne dirai pas encore tout à fait fraternelle, mais plus conviviale. Les Frères semblaient plutôt satisfaits de sortir de la tutelle imposée par les anciens de la Martinique.

En Guadeloupe la seule difficulté majeure à lever fut de faire comprendre au Frère Léon Pravaz, qui avait une position sociale élevée et était propriétaire du Temple dans lequel tout le monde se réunissait, que la Maçonnerie ne devenait point de ce fait « sa » propriété et que les règles de l'Ordre devaient être respectées.

Ma visite en Guyane, quant à elle, a duré quatre jours. En effet, si pour des raisons administratives relatives à mon programme hôtelier je devais régulièrement me rendre en Guadeloupe pour en régler les aspects financiers avec les organismes compétents, par contre je ne connaissais pas du tout la Guyane, immensité sauvage et magnifique.

J'y suis allé avec François Thual, un ami depuis 1974, spécialiste de géopolitique, avec qui j'avais participé à la création du *Carrefour Social-Démocrate*, en connivence avec René Lenoir, Lionel Stoléru, Jean-Claude Colli et bien d'autres devenus ensuite ministre, secrétaire d'État ou président de la Caisse des dépôts et consignations, tous animés d'une volonté assez innocente, de réformer la politique ! Giscard d'Estaing, il est vrai, venait d'être élu, et à cette époque-là de mon côté, comme je l'ai dit, je m'étais retrouvé à œuvrer pour les Marchés à terme – et au fond, c'est en travaillant au sein de cette mouvance politique que j'ai été conduit à entrer au Parti radical valoisien...

Arrivés donc en Guyane en fin d'après-midi, dès l'ouverture de la porte de notre avion nous fûmes confrontés à un bain de chaleur humide – plus de trente-cinq degrés et quatre-vingt-dix-huit pour cent d'humidité. Je fus accueilli par trois Frères que je n'avais d'ailleurs jamais rencontrés auparavant. L'un d'eux, un Martiniquais qui se faisait passer pour Guyanais sous prétexte qu'il avait de la famille en Guyane et qu'il s'y rendait trois fois par an, n'était en fait qu'un visiteur occasionnel de la Loge, laquelle, ne comptant plus que six membres, ne travaillait plus par manque d'effectifs. Et la nature ayant horreur du vide comme on dit, ce Frère s'était empressé de le combler en s'arrogeant une fonction sans en avoir reçu l'assentiment des intéressés ni de Paris. Il y avait là aussi notre bien-aimé Frère Élie Marcour, notaire de son état – la soixantaine bien entamée, très chic et tout de blanc vêtu en notre honneur – qu'Yves avait prévenu par son réseau inter-obédientiel, plus deux amis de François Thual qui le connaissaient depuis plusieurs années puisqu'ils avaient travaillé ensemble, tous deux détachés de leur ministère pour trois ans à Kourou en charge de la sécurité du site de lancement des fusées Ariane, tous deux étant membres de la Grande Loge de France, non représentée à l'époque en Guyane.

Après avoir rejoint l'hôtel, posé nos valises et pris une bonne douche dans une très forte odeur d'insecticide, nous nous sommes retrouvés pour dîner, et nous en avons profité pour faire un récapitulatif de la situation, car le Vénérable de la Loge ignorait qu'à son insu il avait été représenté aux réunions de Saint-Martin et de Martinique. Il avait en vérité juste reçu un courrier du Grand Secrétariat officialisant ma nomination. Et visiblement il trouvait celle-ci plutôt sympathique.

Pour dîner, cinq autres Frères de la Loge se joignirent à nous. L'un d'entre eux était un retraité des Douanes choisi pour remplacer le Vénérable qui se jugeait lui-même trop âgé. Et nous nous sommes mis d'accord pour organiser la Cérémonie d'Installation le samedi suivant, dans l'espoir d'avoir ainsi la chance de pouvoir inviter davantage de Frères.

André Bonnet nous proposa même de profiter de ces quelques jours de temps libre pour découvrir Saint-Laurent-du-Maroni et son ancien bagne...

Et c'est ainsi qu'à six heures du matin, le lendemain, deux voitures nous attendaient, l'une appartenant au Frère de la Grande Loge de France, et l'autre, que nous avions louée, confiée aux bons soins du Frère douanier... Nous fîmes une petite halte à Kourou dans un bistrot à la sortie de la ville, lequel était décoré, de façon insolite, de centaines d'espèces d'araignées, plus répugnantes les unes que les autres ! Au passage je dois avouer que j'ai une répulsion particulière pour toutes les sortes d'araignées, sans doute influencé en cela par une mère qui ne cachait jamais sa frayeur à leur égard ! Installés en terrasse nous partagions tranquillement un café, ou plutôt de l'extrait de café, imbuvable, du béton, quand de très grosses bestioles, qui tenaient de la guêpe et de la libellule, me passèrent à quelques centimètres de l'oreille pour entrer dans un trou dans le mur juste derrière moi. Au troisième passage je demandai, qu'est-ce que c'est, cette bestiole ? La réponse me sidéra : la mouche en question était curieusement surnommée *la mouche sans raison*, sans doute parce qu'elle piquait sans savoir pourquoi ! Mais, m'expliqua mon entourage, *Si on ne la dérange pas, il n'y a pas de danger* ! En revanche, si l'on est piqué, il faut vite aller à l'hôpital, car sa piqûre peut avoir de graves conséquences !

Décidément la Guyane était accueillante, pleine de surprises ! Surtout si l'on s'aventure en forêt, ce que j'aurai la chance, la grande chance de faire quelques années plus tard avec quelques gendarmes, en pirogue, sur le fleuve Oyapok qui marque la frontière entre le Brésil et la France de Guyane – je vécus alors dix jours inoubliables s'il en fut ! Les gendarmes étaient armés de fusil à lunette de visée, et ainsi, de la pirogue, je pus observer sans dommages, sur la rive, des caïmans noirs et des anacondas – ils peuvent atteindre neuf mètres. Nous avons aussi visité des tribus protégées en plein cœur de la forêt amazonienne. Je me souviens également qu'on passait les nuits sous un *carbet*, un petit abri de bois, sans mur, typique des cultures amérindiennes, qui nous protégeait des pluies régulières. Et nous étions couchés dans des hamacs, sous moustiquaire fermée avec soin, car dans ces régions les insectes sont nombreux, de toutes sortes, et la lumière des feux les attire plus qu'elle ne les fait fuir ! J'entends encore les cris des *singes de nuit* et de bien d'autres espèces sauvages... Et aussi, comment oublier ce fourmilier défilant tranquillement devant nous, ou ce boa constrictor, long et gros serpent impressionnant, ou ces chiens sauvages plus effrayants les uns que les autres... Tout était inquiétant ici, à l'exception des oiseaux, et aussi des papillons, tous magnifiques, dont une espèce, en particulier, d'un bleu métallique bordé de jaune, gros comme les deux mains ouvertes.

Pour en revenir à mon premier voyage, nous avons commencé par l'île du Salut et l'île du Diable, où fut prisonnier le capitaine Dreyfus, et dont les paysages ne s'effacent pas davantage de ma mémoire... La mer y est bouillonnante, et je ne pouvais m'empêcher d'avoir en image les clichés du livre *Papillon*, signé Henri Charrière, même si le restaurateur – celui chez qui nous avions mangé du caïman – nous avait assuré que l'auteur avait emprunté sans vergogne l'histoire d'un autre bagnard pour fabriquer son best-seller, car lui en réalité avait vécu en ville, comme certains bagnards mis au service d'entreprises ou particuliers pour effectuer différentes tâches.

Après ce pèlerinage à l'Île du Diable, nous avons atteint directement Saint-Laurent-du-Maroni, à la porte du bagne. À l'époque, c'est-à-dire fin 1985, tout était laissé à l'abandon. La nature avait repris ses droits, et pourtant l'atmosphère était lourde. Elle transpirait la souffrance de tous ces êtres passés là dans ces bâtiments, et je ne dis rien des minuscules mitards, sortes de trou d'un mètre cube avec leurs chaînes encore scellées au mur, réservés aux fortes têtes.

Je me souviens d'ailleurs qu'en sortant du bagne, plutôt que de suivre le chemin existant, hors des arbres, et malgré les conseils de mon entourage, j'ai coupé à travers la forêt – sur cinquante mètres – pour rejoindre nos voitures. Ce n'était vraiment pas une bonne idée, à peine avais-je fait quelques mètres que j'entendis crier François, il avait vu un serpent tomber d'un arbre à quelques centimètres de moi ! Et je n'avais pas entendu le bruit de sa chute dans l'humus. J'ai donc repris le chemin tracé sans me faire prier...

Avant de quitter Saint-Laurent, nous sommes passés par l'Hôpital Public. Léon Bertrand n'étant pas encore secrétaire d'État au Tourisme, il n'avait pas encore obtenu les financements pour sa rénovation. En comparaison l'hôpital *Vietnam-Cuba* – que j'allais visiter quelques années plus tard lors de mes séjours au Vietnam – était ultramoderne !

Ma visite de Saint-Laurent-du-Maroni restera gravée dans ma mémoire, tant de souffrances émanent de ce lieu ! Pour le trajet de retour à Cayenne, le Frère avec lequel j'avais fait la route à l'aller devant s'arrêter à Kourou, François et moi sommes montés dans la voiture de location conduite par le douanier en retraite. Or François, avec toute la réserve qui caractérise l'institution sénatoriale, m'avait assez vite fait comprendre que ce dernier était un peu spécial et c'est le moins que je puisse dire. Et en effet, après quelques échanges concernant la visite que nous venions de faire, nous avons abordé la question de la direction de la Loge qui devait justement être assurée, en tant que Vénérable, par notre chauffeur. Or ce dernier parlait, parlait beaucoup, jusqu'au moment où un pick-up Toyota nous a dépassés, tout avertisseur hurlant. Et soudain notre chauffeur est sorti de sa réserve. Ce que François avait décelé à l'aller s'est avéré juste, plus encore que nous ne pouvions l'imaginer. Par pudeur je ne répéterai pas toutes les insultes racistes proférées à l'intention du véhicule quelque peu chauffard en effet qui venait de nous doubler, mais toutes les autres adressées à tous les Guyanais et autres brésiliens qui pillaient l'or de nos forêts, et des Surinamiens qui venaient se faire soigner ou venaient accoucher aux frais de la France ! C'était en fait une avalanche de propos racistes inimaginable...

Bien sûr nous nous sommes regardés, François et moi, d'un air dubitatif, et puis n'y tenant plus nous avons exigé que la voiture s'arrête, et nous en sommes descendus. J'ai pris place au volant pour remplacer notre chauffeur, qui nous a alors suppliés de ne pas le laisser là, en pleine nuit ! Ainsi il avait bien compris que nous ne plaisantions pas et que ce n'était pas pour rire que nous étions déterminés à l'abandonner au milieu de la route ! Ceci dit, compte tenu des dangers très réels qui le menaçaient – la forêt que nous traversions étant pour le moins inhospitalière – nous avons embarqué à nouveau notre homme en lui intimant l'ordre de ne plus dire un mot. François et moi en effet, en un regard et d'un parfait accord, avions décidé qu'il était inenvisageable d'installer un tel Vénérable pour diriger l'Atelier.

De retour à l'hôtel, nous lui avons demandé de revenir le lendemain soir, avec tous les autres Frères, et de notre côté nous avons invité à déjeuner Élie Marcour, le Vénérable sortant, ainsi que les deux Frères amis de François, pour leur expliquer la situation. Nos convives n'en croyaient pas leurs oreilles. Élie ne voulant pas et ne pouvant pas reprendre du service pour raison de santé, nous sommes toutefois restés sur notre position de départ : cet individu ne pouvait pas être installé Vénérable le lendemain. Toujours est-il qu'après nombre d'échanges complémentaires et un entretien téléphonique avec Yves Trestournel, j'ai demandé à André Bonnet, l'un des amis de François, de sauver la situation en acceptant de prendre le poste de Vénérable et en décidant son adjoint à la sécurité de Kourou à accepter celui de Premier Surveillant, Élie occupant quant à lui la fonction d'Orateur. Ce fut un soulagement pour moi quand je reçus l'accord de chacun.

Le soir même, lors de la réunion avec tous les Frères, y compris le douanier, François et moi avons expliqué pourquoi nous devions reconsidérer l'ensemble de la gestion de la Loge et donc la cérémonie prévue le lendemain, après avoir reçu de Paris l'aval du Grand Maître, bien entendu. Et nous avons précisé que le postulant jusque-là, le douanier, devait se considérer comme suspendu de toute activité maçonnique !

Le lendemain, à l'aube, Yves nous donna son accord téléphonique pour effectuer la régularisation des deux Frères venant d'une obédience pourtant non reconnue par la Grande Loge unie d'Angleterre, mais tellement proche de nos principes, d'installer l'un d'eux comme Vénérable de la Loge et l'autre comme Premier Surveillant, de réintégrer les trois Frères en sommeil et d'en élever deux au Deuxième Degré, enfin de procéder en deux fois aux Cérémonies d'Initiation de cinq Profanes. Ensuite le nouveau Vénérable Maître a désigné les Officiers de son Collège en vue de leur installation. Un programme rudement chargé !

C'est ainsi qu'à sept heures quinze nous avons retrouvé au Temple du Grand Orient de France le Frère Élie Marcour, accompagné d'un Frère

Apprenti, Michel Chayat. Lequel, pour la petite histoire, fut d'ailleurs appelé, quinze ans plus tard, en 2000, à me succéder dans mes fonctions de Grand Maître Provincial. Ils préparèrent le Temple dans la forme souhaitée selon le REAA, Rite écossais ancien et accepté, et il ne resta plus alors qu'à mettre en œuvre nos Rituels pour reconstruire et consacrer la Loge.

En réalité, toutes les Cérémonies se sont déroulées dans un esprit de Fraternité exemplaire, nous avons ajouté aux deux qui étaient déjà programmés le jeune Frère qui attendait depuis deux ans de passer Compagnon, et à la plus grande surprise, mais à la satisfaction de tous nous avons fini par installer le Vénérable Maître. Nous avons même organisé un stop – déjeuner très fraternel en compagnie des Frères du Grand Orient de France, lesquels avaient tenu à nous témoigner de leur amitié en cette belle et chaude journée.

À seize heures nous avons clôturé les Travaux et, après près de sept heures de tenue, nous nous sommes retrouvés au restaurant du Novotel pour un dîner fraternel auquel étaient conviés plusieurs membres du Grand Orient de France ainsi que leurs épouses. Chacun a pu s'exprimer. Ce fut un grand moment, chaleureux, de partage. Le lendemain, François et moi reprenions l'avion pour Saint-Martin via Fort-de-France, heureux et fiers de la mission accomplie.

CHAPITRE 8

Les Frères artisans de la paix en Nouvelle-Calédonie

À l'époque, François aimait beaucoup Saint-Martin. Sorti de ses fonctions au Sénat, il y retrouvait sa joie de vivre. Comme il aimait à le répéter, nous étions véritablement deux potes. À vrai dire, nous nous sommes mutuellement beaucoup apportés, particulièrement lorsque nous avons traversé des moments de doute maçonnique, de difficultés professionnelles et personnelles. C'était un pacte entre nous : nous pouvions compter l'un sur l'autre ! Oui, et je regrette sincèrement que notre chemin fraternel se soit séparé à cause d'individus jaloux qui ont sans vergogne pollué notre belle amitié de trente-trois ans − ce n'est malheureusement pas le seul exemple où des amis de trente ans sont amenés à se séparer... Mais le mal retournant toujours à celui qui en est l'origine, ce fut le cas, ça ne leur a pas porté bonheur.

Le samedi suivant, nous étions près de trente à vivre la première Tenue de la *Fraternité Saint-Martin*, en présence des Frères d'Anguilla et de la partie hollandaise de l'île, avec en chantier deux initiations. La Loge s'enracinait sérieusement. D'autant que s'ajouta à tout cela une très belle planche de notre Frère Christian Lemoine sur La Fraternité Universelle des Maçons. De retour à Paris, je fis un compte-rendu au Grand Maître et à Yves, et les deux furent heureusement surpris par le programme soutenu, le calme retrouvé pour l'heure dans les trois régions, et l'avenir prometteur de Saint-Martin. Dès la semaine suivante, j'assistai à ma première séance du *Souverain Grand Comité* de la GLNF, constitué à l'époque d'environ trente-cinq membres – à titre de comparaison, ils étaient cent quatre-vingts en l'an 2000 lorsque j'ai quitté cette belle maison.

En mars 1986, un an après mon installation, et en réponse au souhait du Très Respectable Grand Maître Jean Mons, nous avons donc comme prévu organisé un grand dîner fraternel et républicain en Martinique, à l'hôtel Méridien, le seul à avoir la capacité de recevoir trois cents personnes. Ce fut une superbe soirée, les Frères, tous en smoking, étant venus avec leurs épouses en robe longue. En fait, toutes les obédiences de la Caraïbe avaient répondu favorablement. Même Michel Baroin, alors Grand Maître du Grand Orient de France, m'avait encouragé par un message d'excuses en précisant que lui-même serait à ce moment-là en Afrique, mais qu'il me conviait la semaine suivante à Paris, puisqu'il organisait un dîner avec Lucette Michaux-Chevry, alors présidente de la Région, qui avait été promue secrétaire d'État à l'Outre-mer.

Le Préfet de Martinique ayant boudé notre invitation pour le grand dîner, c'est le Consul général des États-Unis pour la Caraïbe, Timothy Brown, que nous avons placé entre le Grand Maître et Yves Trestournel. Lorsque le préfet l'a découvert à la une du journal *France-Antilles*, il devint vert de rage et eut l'audace de téléphoner à Jean Mons pour lui en faire le reproche. Celui-ci le remit poliment à sa place, avec beaucoup de tact, en précisant qu'eu égard à son rang, lorsqu'il invitait un préfet, ce dernier prenait toujours ses dispositions pour honorer son invitation, et qu'heureusement le Consul général, lui, avait fait le nécessaire pour se libérer.

En effet j'avais rendu visite à ce préfet quelque temps auparavant. Visiblement il n'avait que peu, très peu d'estime pour la franc-maçonnerie. J'avais également rendu visite à Timothy Brown, dont j'avais entendu parler comme ayant été, depuis son poste en Martinique, à la manœuvre diplomatique lors de l'intervention américaine à La Barbade... De plus, il était Frère. Son accueil avait été chaleureux et il s'était dit honoré de ma visite, il le prouva en acceptant de coprésider le dîner annuel de l'obédience.

Le Jour J du dîner est arrivé, avec tout le cortège des délégations étrangères, des autorités et des notables locaux. Ce sont plus de trois cents personnes qui avaient réservé, et qu'il allait me falloir recevoir protocolairement. J'allais devoir adresser à tout ce monde-là un discours de bienvenue et d'introduction à la prise de parole du très Respectable Grand Maître Jean Mons. La panique s'est emparée de moi, ce soir-là j'ai appris ce que signifiait le mot trac !

Après les toasts officiels, l'entrée fut servie, et vint le moment tant redouté quand le Maître des Banquets annonça mon intervention... J'ai bredouillé quelques remerciements, heureusement j'avais la liste en main pour n'oublier personne ! J'ai donc félicité tous ceux qui n'avaient pas fait grand-chose pour le succès de cette soirée et je m'en suis tiré en développant l'introduction à la prise de parole du Très Respectable Grand Maître, mais sans avoir dit ne serait-ce que quelques mots sur la franc-maçonnerie en général. Fort heureusement Jean Mons était un excellent orateur, et il fit par ses propos oublier la grande médiocrité de mon intervention.

Avec la complicité de l'orchestre la soirée s'est éternisée fort tard dans la nuit, ou plutôt jusqu'au petit jour, car le soleil pointait lorsque les derniers invités ont quitté l'hôtel.

Le lendemain à midi nous avions rendez-vous pour déjeuner et faire le débriefing avec Yves. Quelques autres Frères qui avaient œuvré, eux, pour la réussite de cette soirée étaient naturellement invités pour recevoir les lauriers du Très Respectable Grand Maître Jean Mons, qui ne tarissait pas d'éloges. Il avait souhaité cette soirée un an auparavant, et il l'avait eue, bien au-delà de ses espérances, en présence de nombreuses délégations étrangères, venues même de la Floride, de la Louisiane et du Brésil.

J'ai demandé que le prochain dîner ait lieu dans deux ans, pour nous laisser le temps de respirer, mais au prétexte également de ne pas lasser les participants... La démonstration étant faite que les activités de l'obédience connaissaient un authentique renouveau, il me restait maintenant à développer les Loges, ce qui a été facilité par la couverture médiatique des évènements et par les émissions de Jean à la télévision et d'Yves à la radio.

À chacun de mes voyages à Paris, quasiment un samedi sur deux, Yves me demandait de faire partie de son Collège d'Officiers comme Maître des Cérémonies ou Second Surveillant dans son Atelier pour, à tour de rôle, initier, passer Compagnon, élever et installer Vénérables des Frères africains, portugais, belges, et des Frères de province. La GLNF était en plein essor, et c'est ainsi que tous les samedis, et parfois même le dimanche matin, nous recevions de dix à quinze personnalités par semaine du monde des médias et des plus hautes fonctions de l'État.

Et donc aussi, quelques années plus tard, à un moment où j'avais déjà réduit la majeure partie de mes affaires professionnelles et de mes engagements politiques, j'ai assisté à la naissance du projet de construction du siège de la GLNF, rue Christine de Pisan. Ainsi ai-je organisé, à la demande de Jean Mons et d'Yves Trestournel, le second entretien avec Étienne Dailly, Vénérable Maître de la Loge *Univers*, Loge sœur de la Loge Europe unie et Atlas, et toujours vice-président du Sénat, pour aider l'obédience à trouver le financement de l'opération immobilière. Le premier entretien avait eu lieu quelques mois auparavant. Un matin j'avais trouvé Jean et Yves perplexes à la veille d'un Souverain Grand Comité. Une cabale était montée contre Jean Mons, on ressortait une vieille calomnie sur *l'Affaire des Fuites*. En fait c'était le prince Alexandre de Yougoslavie, avec quelques dignitaires de l'obédience, qui avait projeté de déstabiliser Jean Mons et de prendre sa place. Compte tenu de mes bonnes relations, devenues même excellentes, avec Étienne Dailly, et connaissant son pouvoir de persuasion, je me suis rendu au Sénat, et après lui avoir dressé un tableau sommaire de la situation, toutes affaires cessantes le président est monté dans ma voiture pour nous rendre ensemble 65, boulevard Bineau à Neuilly, rejoindre Jean et Yves. Jean lui ayant expliqué la situation, Étienne a pris fait et cause pour Jean et lui a dit qu'il interviendrait personnellement au Souverain Grand Comité – bien qu'il n'en soit pas encore membre – pour faire taire les trublions qu'il connaissait par ailleurs – en fait ils l'avaient contacté lui aussi. Ce qui fut fait. Par un de ces exposés brillants comme seul Étienne savait les faire, il a étouffé dans l'œuf les médisances et désarmé le coup de force que fomentaient le prince de Yougoslavie et ses comparses, dont les ambitions étaient très éloignées des valeurs de la franc-maçonnerie. L'ordre étant revenu, Étienne a été nommé Grand Porte-Glaive. Quelques mois plus tard, j'ai à nouveau fait appel à lui, car Jacques Chirac, Maire de Paris avait accepté de vendre dans d'excellentes conditions le terrain de la rue Christine de Pisan pour y construire le siège de la GLNF. Encore fallait-il trouver la manière de financer la réalisation immobilière !

C'est Étienne Dailly qui est intervenu une nouvelle fois, et qui a organisé l'ensemble du montage financier avec son ami Robert Lion, alors président de la Caisse des Dépôts et Consignations. En récompense cette fois-ci il fut nommé *Député Grand Maître d'Honneur*, et quand on connaît le résultat de son action c'était un minimum en matière de récompense... Il est toujours resté fidèle à l'obédience jusqu'à sa mort, toujours présent, même avec sa bouteille à oxygène, à toutes les séances du Souverain Grand Comité. Mon chauffeur, Monsieur Gaspard, allait le chercher à son domicile, ou au Conseil Constitutionnel lorsqu'il y siégeait, pour le conduire à la GLNF.

Pendant toutes ces années j'ai dû participer à la Consécration d'une soixantaine de Loges, dont la Loge de Recherche *Villard de Honnecourt*, la Loge Eléazar qui rassemblait le cercle restreint des Grands Officiers nationaux et des Grands Maîtres Provinciaux actifs, l'autre Eléazar, mais celle-ci au sein du *Chapitre de l'Arche Royale*, première Loge du genre à la GLNF, et parrainer, directement, ou parfois à la demande d'Yves, une centaine de filleuls. Mes nombreux voyages me permettaient ainsi de côtoyer beaucoup de monde !

J'ai démissionné de ma Loge-Mère, *La Pierre Angulaire n° 129*, avec regrets, mais en franc-maçonnerie comme ailleurs les hommes restent avec leurs défauts, et heureusement avec leurs qualités aussi. N'étant plus en harmonie avec le Vénérable de cette Loge, j'ai préféré la quitter sur la pointe des pieds au prétexte que ma charge ne me permettait plus d'assurer une présence régulière aux Tenues.

Quelques mois plus tard, avec l'aide de bons Frères complices, dont mon très cher Frère Gérard Bourgue, par ailleurs éditeur d'art d'exception, nous avons réveillé *La Truelle d'Or* à l'Orient de Puteaux-La Défense, puis créé *La Vigne Mystique*, *Ta-An, la Paix Suprême* pour réfugiés vietnamiens, *Arc-en-Ciel* pour le Frère Léon Tragas, première Loge dirigée par un Vénérable aveugle, avec Rituel en braille...

C'était bel et bien les années extraordinaires de la GLNF, marquées par une croissance exponentielle. Chaque matin, les candidatures affluaient sur le bureau d'Yves. Il faisait alors la répartition entre les Provinces, et encore aujourd'hui j'estime qu'il fut fort dommage que cette expansion n'ait pas pu être maîtrisée après la disparition de Jean Mons. Il est vrai que son successeur, André Roux, notaire de son état, et qui ès qualités avait monté le dossier immobilier de la rue Christine de Pisan, est décédé trois mois après sa prise de charge. J'ai toujours regretté quant à moi que notre Frère François Chapoutot, pharmacien, qui avec beaucoup de qualités avait rempli ses fonctions de Grand Maître Provincial de Paris ou de Lutèce, je ne me souviens plus au juste, et qui avait été nommé Assistant Grand Maître d'André Roux, se soit trouvé écarté par la suite et poussé à démissionner. Plus personne n'a jamais entendu parler de lui, mais je reste persuadé que sa personnalité aurait pu être très utile à l'obédience.

Et à l'époque, désemparé par la brutale disparition d'André Roux, faute de candidature sérieuse, Yves a demandé à Claude Charbonniaud, Député Grand Maître – à part ça gendre de Jean Baylot, ancien préfet, et lui-même préfet en retraite, pantouflant dans une radio implantée dans le sud de la France– lequel, argumentant qu'il ne connaissait rien aux rouages de l'obédience, n'a accepté qu'après qu'Yves ait insisté. Yves lui a donc promis de le former pour lui permettre d'assumer cette haute fonction dont il ignorait les arcanes. En réalité, le fait d'être gendre de... lui avait permis de gravir les Degrés un peu vite au sein de la Respectable Loge *Europe unie*, qui comptait nombre de personnalités.

Pour en revenir à mes Loges des Caraïbes, en janvier 1988 Yves et Jean Mons sont revenus à Saint-Martin, ils ont entendu les anciens délégués, et le calme étant revenu tout le monde semblait se satisfaire de la nouvelle situation. Mais quelques mois plus tard, Yves m'a demandé de l'accompagner, avec quelques Frères, en Nouvelle-Calédonie pour répondre à la demande de Jacques Lafleur, alors président du Territoire, et ouvrir deux Loges, La Rose de Corail et *L'Astrolabe*. Et en profiter pour ouvrir également une Loge à Tahiti, la Loge *Varua*. Les gendarmes pris en otages en Nouvelle-Calédonie et séquestrés dans la grotte d'Ouvéa par les indépendantistes du Nord avaient suffisamment meublé l'actualité pour qu'on ne puisse guère ignorer que ce voyage était politique. Après que j'en eus fait la remarque, Yves nous a répondu en substance : *Je compte sur votre entière discrétion, et sachez qu'il est très important que nous soyons sur place au plus vite, nous sommes attendus.*

En effet, dès notre arrivée nous avons été accueillis à la descente de l'avion par Jacques Lafleur lui-même, le «Président» – c'est comme ça que tout le monde l'appelait – président donc de la Région Sud et sénateur de la République, accompagné, légèrement en retrait, du général de l'Armée de l'Air en grand uniforme et des huit personnalités du Territoire Sud de cette petite France du bout du monde. Je me souviens de notre passage par le salon d'honneur, et en attente des bagages le discours d'accueil du président, puis le transfert au *Surf Hôtel* – *le Méridien* n'était pas encore construit – dans les voitures officielles. Juste le temps de défaire les valises et nous nous retrouvions dans un coin réservé de la salle à manger du restaurant... Mais ce soir-là en vérité nous étions les seuls clients. Il faut préciser que l'ambiance, sur l'ensemble du Territoire, n'était pas à la fête... Yves nous a planté le décor de notre rôle *in situ*. Le président Lafleur avait été écarté de son obédience d'origine, qui lui reprochait d'être colonialiste, et de ce fait il n'était plus reconnu comme appartenant à la franc-maçonnerie par ses Frères de la Province Nord, particulièrement par le chef des indépendantistes Jean-Marie Tjibaou. Notre rôle, compte tenu du nombre des Frères qui avaient suivi le président dans son limogeage, était donc de créer, répétons-le, deux Loges, *La Rose de Corail* et *L'Astrolabe*. Nous avions deux jours pour nous organiser, sans aucun matériel tant pour leur consécration que pour leur fonctionnement. Et il ne nous fallait surtout pas oublier de tenir compte de l'ultime recommandation : la discrétion.

Le samedi matin donc, après avoir constaté que contrairement à ce que nous pensions, rien n'avait été prévu en fait de matériel pour la cérémonie de Consécration, nous nous sommes aperçus que Place des Cocotiers il y avait un marché, avec par chance un stand de brocante où nous avons déniché quelques chandeliers en bronze très abîmés, des maillets de menuisier, des équerres et un grand compas métallique. Pour l'encensoir, je suis allé au presbytère, et après quelques explications le prêtre a accepté de nous en prêter un avec le charbon ardent et l'encens... Le *GADL'U*, Grand Architecte de l'Univers, était avec nous, et il ne nous restait plus qu'à dessiner les autres Décors à la main. Sans problème ! Il est vrai que les Décors du Rite écossais ancien et accepté ne sont pas compliqués à réaliser, et de toute façon je commençais à les connaître par cœur, et surtout avec le cœur !...

Le lendemain matin dimanche, nous nous sommes rassemblés discrètement – comme si quarante personnes en costume noir et chemise blanche pouvaient passer inaperçues – place des Palmiers, face au Monument aux Morts... En fait c'était une idée d'Yves ! Il avait fait faire un coussin de fleurs exotiques avec un bandeau en lettres dorées sur lequel était écrit : *Les Frères de la Grande Loge Nationale Française*. Devant nos doutes, il nous a dit : « Attendons le résultat ! » Et en effet vers quatorze heures le jour même un Frère, mandaté par Jean-Marie Tjibaou, se présenta pour connaître le motif fraternel de notre présence en cette période de grande tension entre les deux parties de l'île. Yves l'a reçu après les politesses d'usages, lui a dit que nous étions à Nouméa pour créer deux Loges, *La Rose de Corail* et *L'Astrolab*e. Il lui précisa que nous voulions permettre ainsi à la GLNF de rayonner dans le Pacifique parmi toutes les obédiences rattachées à la Grande Loge unie d'Angleterre. Et que nous étions décidés à faire de même à Papeete. Yves expliqua ensuite que nous devions régulariser tous les Frères qui nous rejoignaient afin d'être en conformité avec les règlements de la Grande Loge unie d'Angleterre

– ce qui les obligerait à prêter serment sur la Bible de leur croyance en Dieu – et que cette régularisation leur permettrait de fréquenter toutes les obédiences dites régulières dans le monde, y compris évidemment en Nouvelle-Zélande et en Australie. Bien sûr, notre interlocuteur brûlait de savoir si le président Jacques Lafleur faisait partie du groupe pressenti. Habilement, Yves répondit que les choses n'étaient pas faites, qu'il ne pouvait s'avancer sur un tel terrain, mais qu'il le conviait aux Agapes, après la Tenue, et que de ce fait il aurait probablement la réponse à sa question.

La Consécration des deux Ateliers s'est déroulée dans une ambiance studieuse, fraternelle, en présence d'une trentaine de Frères, et le soir même l'émissaire de Jean-Marie Tjibaou put constater que le président était bien avec nous. Ils discutèrent un bon moment en aparté. Le Frère émissaire et Jean-Marie Tjibaou se rencontrèrent d'ailleurs le lendemain, secrètement, à Koné, et la suite prouva qu'ils étaient des Hommes de Paix, de véritables Frères ! En effet, le 26 juin 1988 les Accords de Matignon étaient signés, assurant la paix en Nouvelle-Calédonie pour dix ans ! Et quand, le 4 mai 1989, Jean-Marie Tjibaou fut assassiné par un illuminé, Jacques Lafleur en fut très affecté. Oui, ces deux Frères ennemis se respectaient. Mieux, ils avaient en commun ce désir de Paix que tout franc-maçon porte au plus profond de son cœur. Plus tard j'ai cru comprendre que Marie-Claude Wetta, l'épouse de Jean-Marie Tjibaou, bien qu'indépendantiste de conviction, avait joué un grand rôle dans cette volonté de Paix concrétisée par les Accords de Matignon. Et une nouvelle fois se vérifiait l'adage : *Il n'y a pas de grand homme sans une grande femme – et dans ce cas une très grande femme – à ses côtés !*

Toujours est-il que c'est avec une très grande émotion que nous avons quitté tous les Frères réunis à l'aéroport. Et comme le veut la coutume, chacun de nous s'est retrouvé avec plus d'une trentaine de colliers en petits coquillages autour du cou. Je les ai toujours conservés ces colliers qui, quand on quitte le Territoire, symbolisent le souhait d'un retour au pays. Pour moi ce retour eut lieu puisque je fus nommé Grand Maître Provincial pour les Départements et Territoires d'Outre-mer, fonction que j'ai exercée pendant deux ans! Je suis *de facto* retourné quatre fois en Nouvelle-Calédonie par la suite... Jusqu'à ce que notre excellent et bien-aimé Frère René Hervé me remplace. Il a réalisé un travail exceptionnel pour le rayonnement de la GLNF en la représentant partout en Extrême-Orient, notamment en développant une très belle Loge à Ventiane en Thaïlande, et en faisant inlassablement le tour de toute l'Asie, et je dois le préciser, à ses frais, sans toucher un centime, oui, bénévolement, tout comme moi d'ailleurs – nos successeurs, eux, n'étant apparemment pas dans les mêmes dispositions d'esprit...

CHAPITRE 9

Le projet immobilier de Saint-Martin envers et contre tous

Après avoir quitté Nouméa, notre délégation a donc poursuivi son voyage pour rejoindre la Polynésie française et l'île de Tahiti via la Nouvelle-Zélande. Je ne peux que me souvenir de l'accueil à l'aéroport de Papeete avec son petit ballet composé de quelques vahinés et ses chants polynésiens accompagnés par les ukulélés, mini-guitares au son très original.

Chacun s'est vu remettre sur l'oreille une jolie petite fleur de tiaré merveilleusement odorante avant les formalités de police et la récupération des bagages. Puis nous nous sommes retrouvés dans les bras des dix Frères dont la plupart étaient venus avec leurs épouses pour nous remettre cette fois des colliers gigantesques de fleurs de tiaré magnifiques et embaumant tout l'environnement. Transportés par ce nuage d'odeurs nous nous sommes rendus en un rien de temps à l'Hôtel Maeva Beach, où nous attendaient en bord de plage des chambres avec vue sur la mer – et avec une température de vingt-huit degrés je retrouvais les températures antillaises.

Le lendemain, après un petit-déjeuner à base de poisson coco – ce qui, avec les papayes et les ananas, devint ma nourriture à quasiment tous les repas – je comprends très vite qu'ici l'ambiance n'aura rien à voir avec les tensions ressenties en Nouvelle-Calédonie... Les gens sont naturellement souriants, très cool comme on dit, avec une qualité de vie et une philosophie exceptionnelles.

La première réunion pour préparer la Consécration de la Loge s'est tenue chez un Frère, Jacques Fournel et son épouse Josie. Jacques était commandant de bord chez UTA, une Compagnie exceptionnelle à tout point de vue. En fait ce fut un barbecue autour de leur piscine. La réunion s'est prolongée jusqu'au soir, et le décalage horaire aidant, nous avions hâte de retrouver notre lit.

Au réveil, un Frère nous a conduits dans le lieu où était prévue la Consécration de la Loge, c'est-à-dire chez un autre Frère, ancien ambassadeur de France, propriétaire d'un joli *faré* – une habitation sur pilotis implantée sur l'eau cristalline du lagon où évoluaient des centaines de poissons multicolores – auquel on accédait par une allée bordée de tiarés et de bougainvilliers. Mais s'il était fort bien situé, les pieds dans le lagon, ce faré était cependant très petit, et nous avons dû déménager la plupart des meubles dans le garage, au bord de la route, pour pouvoir recevoir la quinzaine de Frères pour la cérémonie. Qui plus est, hormis les quelques accessoires que nous avions dans nos bagages, nous avons dû faire, comme en Nouvelle-Calédonie, les antiquaires pour trouver les outils... Ce fut d'ailleurs un moment très sympathique, nos interlocuteurs ne comprenant pas pourquoi nous souhaitions des outils anciens alors qu'ils nous en proposaient des beaux, tout neufs ! Ayant réuni l'essentiel, nous sommes retournés chez notre Frère et nous avons aménagé les lieux. Une fois tous les meubles dans le garage donc, nous avons fabriqué vaille que vaille, avec des bouts de planche, les plateaux du vénérable Maître et de ses Officiers. Nous avons fait un sac en toile pour symboliser les Parvis et dessiné à la craie le Pavé Mosaïque sur le parquet – le Tableau de Loge l'a été également au cours de la Cérémonie, depuis Saint-Martin je commençais à y prendre goût ! Toujours est-il que tout s'est merveilleusement passé. L'espace intime dont nous disposions s'est révélé très chaleureux, et nous avons tous conservé un très bon souvenir de cette journée !

Le lendemain nous sommes partis sur l'île de Moorea, invités par un Frère créateur de bijoux, dans ce genre de faré où toute la vie se passe à l'extérieur. Un grand barbecue nous attendait, et de nombreux hamacs tressés disposés en bord de mer, donnant sur une plage constituée de corail blanc – bien dur en vérité pour les pieds sensibles ! – à l'ombre de dizaines de cocotiers et de splendides lauriers roses, bref un endroit idéal pour fabriquer des bijoux et s'ouvrir à la philosophie !

Le lendemain encore, Yves, Louis Sidéry et moi avons été reçus à dîner chaleureusement par le président Gaston Flosse, «le Patron». Il nous a accueillis à bras ouverts chez lui, une villa splendide au cœur d'un jardin d'Eden. Très affable, il nous a encouragés, nous assurant de sa reconnaissance pour l'implantation en Territoire polynésien de la franc-maçonnerie d'origine anglaise, mondialement reconnue, compte tenu de l'environnement international et particulièrement du voisinage de la Nouvelle-Zélande et de l'Australie, avec entre autres une fréquentation importante de groupes américains.

Puis ce fut le dîner au son des ukulélés, avec chanteurs et danseuses, et dégustation d'un thon rouge des îles Marquises mariné dans du lait de coco au citron vert, un plat vraiment exceptionnel... Sans oublier la promesse de nous revoir à Paris sous quinzaine.

Deux jours plus tard, nous quittions le ciel bleu et la mer, ses vingt-huit degrés, ses tiarés en fleur, ses hibiscus et ses bougainvilliers, pour nous rendre à l'aéroport. Après avoir reçu, comme au départ de Nouméa, les colliers de petits coquillages symboles d'invitation au retour, mais cette fois-ci ornés de grandes nacres gravées au nom de la Loge, nous échangeâmes une série d'accolades avec promesse de se retrouver très vite...

Après vingt-quatre heures de vol et un transit à Los Angeles, nous voilà à Roissy. Chacun conservait le souvenir d'avoir vécu quelque chose d'exceptionnel, à vrai dire sans en connaître encore les réels tenants et aboutissants politiques, mais tous bien certains que nous n'avions pas perdu notre temps ! Comme on dit : *Devoir accompli, conscience légère !*

Oui, au cours de ces douze jours nous avons tous vécu de grands, de très grands, d'inoubliables moments, à la fois pour notre pays et pour notre Fraternité.

Pendant ce temps, à Saint-Martin, les travaux sur l'Anse Marcel avaient progressé, ainsi que le chenal pour relier l'ancien marécage à la mer. Les enrochements pour la stabilisation des berges avaient également avancé. Les blocs les plus gros furent utilisés pour la digue en mer et le fondement même des berges. L'effet était spectaculaire. Tout se dessinait peu à peu, et chaque fois que je me rendais sur le site je ne pouvais m'empêcher de m'arrêter au col, à côté du rocher situé dans le dernier virage qui dominait l'anse jusqu'à l'horizon, et de contempler l'avancement des travaux. Les bulls étalaient le sable extrait de la marina avec précaution afin de ne pas endommager, en bord de mer, le peu d'arbres existant, dont de magnifiques tamariniers.

Mais la course pour les différents financements des voiries et des divers réseaux – routes primaires et secondaires, réseaux d'eau potable et d'électricité, traitement des eaux usées – nécessaires à la marina, au centre commercial et à l'hôtel était plutôt désespérante. Et les mois passaient sans l'ombre d'un résultat. Les politiques de la Guadeloupe et de la Martinique s'opposaient en fait à ce que les organismes de développement régional participent au tour de table. Malgré cette opposition, les directeurs de deux organismes, à savoir la SOCREDO et la SODEGA, ont fini par accepter de se déplacer sur le site, et après avoir constaté la réalité de l'avancement du programme, sont convenus d'envisager l'éventualité de mettre en place une partie du financement. Ce qui revient à dire que nous avions mis un peu plus d'un an pour obtenir ce qui n'était qu'un simple accord de principe !

Par l'intermédiaire de Raymond Viviès, personnage haut en couleur, mais d'une efficacité redoutable pour ses adversaires, et à cette époque-là conseiller général d'un des cantons de la Guadeloupe, nous avons aussi obtenu un reportage TV sur le site, avec le déplacement du journaliste René..., assisté d'une équipe de quatre techniciens. Compte tenu des images tournées sur le site, les détracteurs n'avaient plus l'argument de dire que ce projet ne verrait jamais le jour, au contraire il existait bel et bien ! De plus, j'ai répété pour la énième fois à la télévision sur RFO, et à la radio sur RCI, que ce projet ne concurrençait en rien les divers programmes hôteliers déjà implantés en Guadeloupe et en Martinique, bien au contraire il serait *une vitrine française à la porte des États-Unis*. L'impact de cette émission a été très bénéfique localement, et s'est fait sentir jusqu'au ministère des DOM-TOM. Le projet était enfin devenu crédible... Mais pour sécuriser les investisseurs il a fallu *faire appel public à l'épargne*, et au bout d'un énorme travail pour constituer ce genre de dossier, dont on ne peut passer sous silence le côté chronophage, nous avons obtenu l'accord de la commission des Opérations de Bourse, et là mon passé dans la réforme des Marchés à terme m'a beaucoup aidé.

Les mois ont passé, les ministres aussi. Et la loi *Stirn*, modifiée *Pons*, a été revue et corrigée par le ministre du Budget, Henri Emmanuelli, et le secrétaire d'État à l'Outre-mer, Georges Lemoine, ces nouvelles dispositions imposant l'obtention d'un agrément du ministère du Budget pour permettre aux investisseurs de défiscaliser. On procéda donc à la constitution de ce volumineux dossier d'agrément, avec l'aide fraternelle de Pierre Grun, on rencontra maints interlocuteurs, et après une année passée de rendez-vous en rendez-vous, de fiscaliste en fiscaliste, le dossier fut enfin bouclé, en parfaite conformité avec la loi de défiscalisation et avec les exigences successives des services du ministère du Budget. La fin de l'année approchait à grands pas et il me fallait savoir sans délai si j'obtiendrais ou non cet agrément. Mes investisseurs devant défiscaliser avant le 31 décembre, avec passage chez le notaire, je ne pouvais plus attendre.

La réponse est tombée comme un couperet le lendemain matin, lors de notre rendez-vous à l'aube, de la bouche du président Étienne Dailly : *Si le texte permet effectivement d'obtenir cet agrément, le ministère lui a fait savoir qu'en réalité il estimait que le programme était trop important pour une société privée et qu'il conseillait donc que je me rapproche d'un institutionnel...*

Le coup a eu beaucoup de mal à passer, j'étais littéralement assommé.

Étienne Dailly a immédiatement préparé une note à l'attention du ministre Henri Emmanuelli lui précisant que la loi ne faisait pas état de cette nouvelle exigence, d'autant qu'elle était déclarée huit mois après qu'on avait constitué des dizaines de dossiers, de bilans prévisionnels avec attestation des tour-opérateurs américains garantissant le remplissage de l'hôtel, de traductions certifiées par des traducteurs assermentés, bref après des semaines, des mois de travail... Il avait aussi fallu satisfaire aux demandes de la Commission des Opérations de Bourse pour permettre de faire appel à l'épargne publique, sans compter tout le temps passé et les importantes sommes dépensées auxquelles il faut inclure l'organisation des visites sur le site, recevoir environ huit cents investisseurs potentiels, pour au final réussir à rassembler les trois cent vingt-sept chèques d'un montant moyen de cinquante mille euros d'aujourd'hui, avec engagement des souscripteurs de verser la même somme les deux années suivantes, soit un total de cent cinquante millions de francs de l'époque, sans compter les nouveaux souscripteurs qui se seraient joints aux premiers, séduits et convaincus par l'avancement des travaux...

Le président a fait porter la note dans l'heure au ministre, et la réponse en retour du ministre au président a été immédiate, par téléphone évidemment : *Désolé, je ne peux rien faire, ce type de défiscalisation n'est pas fait pour des privés, mais réservé aux institutionnels.* Étienne lui a rétorqué que ce n'était pas dans le texte de loi, et le ministre de lui répondre : *C'est comme ça !*

À cette époque mon véhicule, avec son chauffeur, était utilisé régulièrement par Étienne Dailly. Ainsi Monsieur Gaspard, le chauffeur, connaissait-il bien les différents ministères pour y avoir conduit le président, et avec le gyrophare et la cocarde Sénat sur le pare-brise, nous n'avons eu aucune difficulté, le soir même à dix-neuf heures trente, à entrer au ministère du Budget, à l'époque encore rue de Rivoli. Il faut préciser, il est vrai, que la Sécurité n'avait rien à voir avec celle d'aujourd'hui !

Je descends de voiture sous le porche, comme le faisaient les personnalités, et en saluant de loin le garde je monte deux par deux l'escalier monumental qui conduit aux bureaux du ministère. Pas âme qui vive. Sur une porte je lis l'inscription gravée sur une plaque en cuivre : Monsieur le ministre. Je frappe une fois, deux fois : pas de réponse. J'ose tourner la poignée, porte fermée. Je me retourne dans l'immense corridor ou sont installées de longues banquettes tapissées de velours rouge, les murs chargés de dorures, au sol une moquette rouge également, sur laquelle des tapis anciens sont posés, au plafond de grands lustres en cristal éclairaient l'ensemble discrètement, coup de chance, je découvre un peu plus loin sur la droite la plaque indiquant : Le directeur de cabinet du ministre. Je frappe à la première porte : aucune réponse. Je me risque à l'ouvrir, et découvre une antichambre spacieuse avec des fauteuils. Je pousse la deuxième porte et j'aperçois cinq ou six personnes autour d'une table. Une voix me dit : *C'est pourquoi ?* Comprenant que ce n'était pas le moment de les déranger, je réponds : *Ne vous dérangez pas, j'attends...*

Quarante-cinq minutes plus tard, c'est long pour ruminer, plusieurs personnes sont déjà sorties. De crainte que mon interlocuteur ne s'échappe, j'interroge l'un des sortants, qui m'informe que Monsieur le directeur est bien toujours à l'intérieur. Un nouveau quart d'heure se passe avant que, n'y tenant plus, je décide de m'assurer qu'il ne m'a pas oublié. Surpris de me voir là devant lui à cette heure tardive, sans rendez-vous, sans huissier pour m'annoncer, il m'interroge pour savoir pourquoi j'étais là. J'étais très énervé à l'idée de perdre cinq années de travail sans compter les investisseurs rassemblés sur le projet à grands frais.

Je risquais véritablement très gros... C'est pourquoi, avec beaucoup d'aplomb, je me suis placé face à lui sur le côté de son bureau et j'ai commencé à lui expliquer l'objet de ma démarche et les échanges entre son ministre et le président Dailly. Sa réponse ne s'est pas fait attendre : il me pria fermement de sortir immédiatement !

Après lui avoir calmement expliqué qu'il n'y avait plus personne dans les bureaux, pas davantage dans les couloirs, que j'avais eu le temps et l'occasion de le constater pendant mes cinquante minutes d'attente, et que j'étais venu pour obtenir impérativement une réponse maintenant, je compris que mon intonation était montée d'un cran et que de son côté il comprenait ma détermination.

Après avoir l'un et l'autre repris notre calme, le directeur de cabinet du ministre, Philippe Saint-Geours me pria de m'asseoir. Et nous avons parlé pendant près d'une heure. Je vous passe les détails, sinon qu'en conclusion je n'obtiendrais jamais l'agrément, que la seule et unique manière de m'en sortir était, sur la recommandation du ministre, de me rendre au siège d'une société financière en charge de gérer les fonds de plusieurs Mutuelles, les fameux institutionnels dont le ministre se faisait le rabatteur. Preuve en est que je quittai le directeur de son cabinet avec le nom et l'adresse de cet «institutionnel», et même le nom du directeur général !

Dès le lendemain matin, je pris donc rendez-vous avec le directeur général de cette société, Malik B.. Visiblement déjà prévenu, il attendait mon appel pour me fixer rendez-vous dès le lendemain. Et en attendant, scandalisé qu'un ministre se permette de transgresser une loi votée par les deux chambres, Assemblée et Sénat, Étienne Dailly est retourné voir le ministre en question. Mais je devais vite me rendre à l'évidence : même en qualité de vice-président du Sénat, aucune suite ne fut donnée à son intervention. Je pouvais tirer un trait sur cette demande d'agrément.

En conséquence, le lendemain, vers quatorze heures, je me rendis comme *les bourgeois de Calais*, au rendez-vous fixé la veille chez «l'institutionnel». Je fus reçu avec courtoisie par le directeur général qui m'introduisit dans une salle de réunion où vingt-cinq personnes pouvaient s'asseoir autour de la table, sur des sièges ultraconfortables, avec des micros individuels, bref une salle impressionnante. Mon interlocuteur me pria de prendre place face à lui. Il était accompagné de Gérard B. et d'une personne dont j'ai oublié le nom. Au milieu de cette table immense, je me retrouvais seul face à eux, l'intimidation était réussie. Compte tenu de ma situation vis-à-vis de mes investisseurs, j'eus alors la certitude que si je ne jouais pas finement, c'était la ruine assurée et l'opprobre de la part de tous ceux qui m'avaient fait confiance.

Après quelques échanges courtois, mon vis-à-vis m'expliqua qu'il connaissait bien le site, que sans le savoir j'avais même reçu chez moi à Saint-Martin, anonymement, l'un de ses actionnaires, monsieur Jean Dupont, président d'une des Mutuelles dont il gérait les fonds, la MACIF. Il alla jusqu'à me montrer des photos récentes montrant l'avancement des travaux sur le site.

Le piège se refermait, de toute évidence je ne pourrais pas faire bénéficier mes investisseurs de la défiscalisation. Donc j'étais contraint de les rembourser, et pour ce faire de m'accrocher à cette table pour tenter de négocier... Rassurez-vous, je n'avais pas utilisé ces capitaux, ils étaient déposés, bloqués en banque, dans l'attente de l'agrément... En fait le financement des travaux était assuré par des emprunts hypothécaires sur l'ensemble des terrains du site de soixante hectares et par mes cautions personnelles, bien que ces dernières ne représentent pas grand-chose puisque j'avais tout investi, et même davantage, dans le programme !

La conversation s'éternisa durant près de quatre heures. Les cafés se sont succédé, mais aucune proposition sérieuse n'était encore avancée, jusqu'au moment où le meneur de jeu, après s'être absenté quelques instants, m'a déclaré : *Nous avons bien compris la situation, il vous reste deux semaines pour rembourser vos investisseurs, revoyons-nous demain à huit heures trente avec le président pour avancer vers une proposition acceptable pour les deux parties.* Sur ce, il me raccompagne à la porte, en me saluant avec un sourire, le regard malin, et après quelques mots qui se voulaient rassurants nous nous sommes séparés.

Immédiatement j'ai appelé mon avocat Gilles Bouyer – ce n'est pas la meilleure idée que j'ai eue – puis Robert David, un entrepreneur qui s'était engagé financièrement lui aussi, et le comptable pour nous réunir en cellule de crise et préparer la réunion du lendemain.

Mais, quelle qu'ait été la valeur des arguments que nous avions préparés, de retour à la fameuse table, cette fois bien encadré – quatre de chaque côté – aussitôt après les présentations d'usage le directeur a pris d'autorité la parole pour résumer longuement la situation, prenant un malin plaisir à entrer dans les moindres détails pour faire durer le temps de son intervention en soulignant combien il maîtrisait sa parfaite connaissance du dossier.

Enfin le verdict tomba : *Nous reprenons le tout sur le montant des factures payées et vous remboursez vos emprunts. Concernant les fonds bloqués de vos investisseurs, pour éviter tout scandale sur cette opération susceptible de nuire à son avenir. Cette offre est à prendre ou à laisser !*

Je me suis entendu répondre : *Désolé, je laisse !* Il ne m'est pas possible d'accepter une telle offre faisant fi de sept années de travail et d'endettement avec pour contrainte de payer les courtiers intermédiaires qui nous avaient adressé les investisseurs. Quitte à sauter, je n'acceptais pas. Sur cette déclaration nous nous sommes levés comme un seul homme, tous les quatre ensembles. Et nous nous dirigions vers la sortie quand le directeur me dit : *Revenez, Marcel, nous allons bien trouver une solution, nous sommes prêts à comprendre vos impératifs...*

Vers une heure du matin, après maintes discussions, interruptions de séance et partage de pizzas, nous en sommes arrivés à la conclusion suivante : en ce qui concerne les terrains, au-delà de la courbe altimétrique des vingt-cinq mètres, en l'état inconstructibles, les terrains de la société foncière seraient partagés entre Robert D..., l'entrepreneur, et moi, ainsi que la marina et le terrain sur lequel nous avions commencé à construire le petit centre commercial, trente boutiques, et avec une vingtaine d'appartements au premier étage – où nous avions consacré la Loge *Fraternité Saint-Martin* – et nous conservions avec une cinquantaine des investisseurs du tour de table les suites de l'hôtel *Marina Suites* à construire en bordure du chenal d'accès de la marina à la mer. Tout cela avec la promesse de travailler main dans la main pour la réussite du programme. Ce qui n'a pas été le cas, tant s'en faut ! Bref, je passe sur les détails, mais la semaine suivante les fonds des investisseurs étaient bel et bien remboursés, le programme était sauvé, mais à quel prix ! La suite, à elle seule, pourrait remplir un livre...

Très déçu de ne pas pouvoir réaliser jusqu'au bout notre programme et de constater chaque jour le non-respect du descriptif et du cahier des charges par l'entreprise qui conduisait les travaux, je prenais des initiatives risquées. Un simple exemple, estimant que l'eau était trop chère à Saint-Martin, ladite entreprise utilisait celle du lagon, saumâtre, et donc salée, pour faire le béton et les ciments des cloisons, sans adjuvant pour neutraliser le sel, ce qui fait qu'on ne manqua pas, après quelques mois, d'observer des coulées de rouille provoquées par la corrosion des fers à béton, ainsi que le craquèlement par dilatation des enduits de façade due à la rouille des mêmes fers à béton... Craignant ce scénario, pendant un mois, chaque jour, j'ai fait constater par huissier le fait que l'eau du lagon utilisée n'était pas adaptée. Personne n'a voulu m'entendre, pas davantage répondu à mes courriers recommandés, ce qui à la fin des travaux m'a contraint, tant en mon nom qu'en celui des quelques investisseurs qui avaient tenu à continuer l'aventure, à refuser à l'entreprise la *réception des travaux*, c'est-à-dire à refuser de prendre livraison en l'état des bâtiments, des cinquante suites, et à exiger ensuite de sortir du programme moyennant le rachat de nos parts. Certains investisseurs, se croyant plus malins, n'ont pas voulu me suivre. Ils se sont rangés, c'est humain, du côté des Mutuelles, du côté du plus fort, mais, à la sortie, ils ont eu du mal à récupérer péniblement leur mise de départ, et ce sont ceux-là même qui m'avaient trahi qui m'ont alors traité de tous les noms d'oiseaux... En fait ceux qui m'ont fait confiance s'en sont sortis confortablement, avec une belle plus-value.

C'est ainsi que mes illusions sur le monde de la mutualité et sur l'esprit de partage mutualiste ont été mises à mal. J'avais affaire à des capitalistes purs et durs, sans aucun état d'âme, avec la certitude que le pouvoir de l'argent pouvait leur donner tout pouvoir, dans tous les domaines, et s'entourant de porte-serviettes orgueilleux, incompétents et obséquieux.

Deux ans après l'inauguration de l'hôtel, certaines malfaçons graves que j'avais signalées à maintes reprises lors des rendez-vous de chantier, verbalement puis par courrier aux Mutuelles, et qui par la suite avaient été constatées par les différents experts judiciaires, étaient telles que les dégâts ont été chiffrés à... cent dix-sept millions de francs ! Par réaction du sel sur les fers à béton, la rouille suintait sur les façades comme à l'intérieur du bâtiment. Les mutuelles étant en même temps leur propre assureur, elles ont tenté de calfeutrer lesdites malfaçons, mais après quelques mois de procédures provenant de clients américains de l'hôtel qui avaient reçu des gouttes de rouille sur leur veste blanche, elles ont dû se rendre à l'évidence : il fallait fermer l'ensemble de l'hôtel et faire sur toutes, j'ai bien dit sur toutes les surfaces béton un revêtement de peinture étanche, une sorte de vernis stratifié tant à l'intérieur qu'à l'extérieur afin d'éviter que l'air ne continue à développer la corrosion...

Avant sa mort accidentelle, le 5 février 1987, mon ami Michel Baroin, alors président de la Garantie Mutuelle des Fonctionnaires, me le disait lui-même, dans le monde mutualiste ces gens-là sont des cow-boys de la finance. Aujourd'hui encore je regrette sa disparition, car j'en ai la certitude, jamais lui et pas davantage Rémi Désirest, son contrôleur des finances, ancien de KPMG, n'auraient laissé faire un tel gâchis.

Malgré toutes ces difficultés, le fait d'avoir réussi, envers et contre tout, à désenclaver une partie de l'île et à y développer une vie économique avec plus de deux cent cinquante emplois reste pour moi une belle et grande satisfaction. Mais j'aurais aimé avoir les moyens de développer l'ensemble du site, et ainsi de tripler sa potentialité en creusant le petit lagon et en ouvrant une seconde sortie sur la mer, de façon à provoquer une circulation de l'eau en dépit des faibles marées, grâce à des turbines à rotation lente placées sous le pont d'accès à la plate-forme hôtelière. J'aurais aimé enfin mener à bien jusqu'au bout ce programme pour bien démontrer qu'il était sans aucune concurrence avec la Guadeloupe et la Martinique, en préservant l'identité de Saint-Martin, cette *vitrine de la France à la porte des États-Unis* à laquelle je tenais tant.

Je me souviens de la première photo satellite que j'avais commandée à l'ING, Institut National Géographique. Tout le nord de l'île était vierge, et l'Anse Marcel sans aucun accès, pas même l'ombre d'un chemin. Et quelques années plus tard on découvrait non seulement la route, mais des routes, une marina pleine de bateaux, et pas un, mais deux hôtels : l'Habitation de Longvilliers, plus une résidence de tourisme au-dessus du centre commercial, l'hôtel Privilège et ses courts de tennis sur la colline et quelques belles villas en surplomb de l'ensemble, avec une vue exceptionnelle non seulement sur l'Anse et la mer des Caraïbes, mais aussi sur l'île d'Anguilla au loin. Oui, j'étais fier d'avoir pu réaliser, malgré tous les obstacles, cet aménagement de l'ensemble de la zone. Comme l'a si bien dit Sir Winston Churchill : *Un pessimiste voit la difficulté dans chaque opportunité, un optimiste voit l'opportunité dans chaque difficulté*

Je dois préciser que pour me permettre de pouvoir voyager et faire mes affaires de par le monde, j'ai eu la très grande chance de croiser le chemin de Michel Pêcheur. Alors que je travaillais à la Bourse de commerce, il était le directeur de l'Agence *BNP Bourse* où j'avais mon compte. Et il suivait mon parcours dans mon combat pour la moralisation de la Bourse de commerce, l'agence qu'il dirigeait étant en face du bâtiment justement, et beaucoup de ses clients étant commissionnaires agréés et remisiers... Il devint un véritable ami, comme on en rencontre peu dans une vie. Un homme d'une grande rigueur, d'une fidélité sans faille, avec un enthousiasme exceptionnel. Je me souviens du jour où, réalisant à Meaux un programme d'une trentaine de *maisons de ville*, et ayant besoin d'un accompagnement financier, je lui présentai mon associé. Immédiatement j'ai senti que le courant ne passait pas. Quelques jours plus tard, il m'a déclaré : *Pour vous financer le dossier que vous m'avez présenté, je vous suivrai, mais je ne ferai rien avec votre associé...* Or, quelques mois plus tard, nous avons découvert que cet «associé» était en réalité un fieffé voyou aux fausses allures de gentleman. Il avait soudoyé l'aide-comptable de mon groupe pour retirer, par un jeu d'écritures, ses apports en compte courant au programme... Michel l'avait donc bel et bien démasqué.

Un ou deux trimestres plus tard, Michel, qui était donc mon banquier, a pris la direction de plusieurs agences BNP, et nos relations se sont harmonieusement développées. Au fil du temps nous sommes devenus amis. Jusqu'au jour où il m'a invité à déjeuner chez un grand chef parisien, *Apicius*, et où il m'a déclaré : *J'ai l'opportunité de pouvoir prendre ma retraite de la banque, maintenant je n'ai rien à gagner de plus en continuant, mais je pense que je peux encore être utile. Si vous l'acceptez, j'aimerais continuer à travailler, mais avec vous. Je ne vous demande aucun salaire, juste de quoi m'employer pour ne pas rester chez moi à ne rien faire. J'ai besoin de rester actif, d'avoir un travail réel à faire chaque jour.*

C'est ainsi, aussi incroyable que ça puisse paraître, que Michel a travaillé pour mon groupe *SAD*, Société d'Aménagement et de Développement, pendant près de dix ans, tout au long des périodes les plus difficiles que j'ai traversées. Il a toujours été présent, tant pour surveiller les différentes opérations en cours que les protocoles vietnamiens, un nouveau projet que j'avais engagé, mais présent aussi pour m'entourer de ses précieux conseils grâce à son expérience de l'administration, des finances, et à sa connaissance des choses humaines.

Puis un jour, avec son épouse, ils ont décidé de vendre leur villa en banlieue parisienne et de rejoindre leur fille et leurs petits-enfants dans la région lyonnaise. Et c'est une page de plus, chargée de beaux moments de part et d'autre, qui s'est tournée. Pour moi, je le répète, ce fut une grande chance que nos chemins se soient croisés et que nous ayons réussi à faire ce parcours ensemble contre vents et marées, de Saint-Martin aux Antilles... Du fond du cœur, merci, Michel, merci aussi à Monique, son épouse – aujourd'hui passée à l'Orient éternel !

Mais en vérité je ne sais pas comment écrire tout le bien que je pense de cet homme, de cet ami d'une fidélité sans faille qui, tel un ange gardien, a su me conseiller, m'assister aux moments les plus noirs de ma vie, et pas seulement de ma vie d'homme d'affaires... Je mesure toute la chance que j'ai eu de croiser un jour sa route, pour moi Michel, sur cette Terre, c'est l'un de ces êtres rares qui vous font croire en l'Homme, à la vie !

Pour en revenir au nouveau projet que j'avais au Vietnam, ayant comme tout le monde entendu parler de l'ouverture économique de ce pays, j'avais décidé d'y aller quand Yves Trestournel, nouvellement nommé président de l'UNICEF pour les Hauts-de-Seine, me fit part des difficultés rencontrées pour acheminer le matériel médical et chirurgical déclassé destiné aux hôpitaux au nord du Vietnam, principalement pour les hôpitaux d'Hanoï. Chaque fois que ce matériel arrivait de France via le port d'Hô Chi Min Ville, ex-Saïgon, il était détourné à des fins commerciales au seul profit de la région de Saïgon, Sud Vietnam. Ensemble, nous avons donc décidé de réceptionner le matériel dès son arrivée au port de Saïgon et de l'accompagner jusqu'à Hanoï. À l'époque il n'existait pas encore de vol direct pour Hô Chi Min Ville, et donc depuis la France nous devions prendre un vol pour Bangkok, puis une correspondance, à bord d'un Tupolev, vieille copie russe de notre ancienne Caravelle, pour nous rendre à destination.

Dans l'idée de voir ce qui se faisait de mieux dans l'hôtellerie, et d'étudier le marché, j'avais déjà été plusieurs fois à Bangkok, Kuala Lumpur et Singapour, où les hôtels étaient à la pointe de ce qui se faisait de mieux en la matière. Dès mon premier voyage, j'ai aimé l'Asie et la qualité de ses hôtels. Ils m'ont permis d'innover dans l'élaboration de mes projets... L'hôtel Oriental, devenu Oriental Résidence à Bangkok, le Mandarin et le Hilton à Singapour, tous ces hôtels représentaient véritablement le nec plus ultra de ce qui existait alors dans le monde. À une époque où l'hôtellerie française faisait piètre figure à l'international...

CHAPITRE 10

De l'humanitaire à l'immobilier au Nord-Vietnam

Ayant donc décidé avec Yves d'accompagner ce matériel médical et chirurgical à destination du Nord-Vietnam, pour des raisons économiques, sur la demande d'Yves nous sommes partis par la compagnie China Airlines. Vingt-sept heures de voyage! Avec escales à Stockholm, Bahreïn, et une dernière, interminable, à Bangkok.

Et nous voilà débarqués à l'aéroport d'Hô Chi Minh-Ville, ex-Saïgon, en pleine moiteur. Quant aux odeurs de l'Hôtel International, elles n'étaient pas tristes non plus. En effet celui-ci n'avait pas été rénové depuis le départ des colons français! Un petit bureau était installé à chaque étage pour contrôler les clients et être sûr que les prostituées qui frappaient aux portes dès la nuit tombée étaient bien patentées...

Les rues grouillaient de monde. Partout des mendiants, souvent valides, mais aussi beaucoup d'infirmes par suite de blessure de guerre ou pour d'autres raisons, tous réclamant l'aumône avec une certaine agressivité. Comme Yves et moi marchions à la rencontre de notre contact, lequel devait nous guider pour aller réceptionner les deux containers de matériel arrivés deux jours avant, Yves s'est fait arracher la grosse et belle croix en or avec la chaîne qu'il portait autour du cou par un homme avec des béquilles. Immédiatement nous avons été entourés d'une nuée de gamins et de mendiants qui ont vigoureusement fait barrage et ont su bloquer toute tentative de poursuite.

Comme vous pouvez l'imaginer, d'emblée ce ne fut pas le coup de foudre pour ce pays, mais ayant beaucoup entendu parler des qualités morales du Nord-Vietnam, j'espérais découvrir le véritable Vietnam dans sa partie nord. Et nous avons donc été reçus par notre contact, un Français qui tentait d'implanter une importante société d'import-export dans le pays. Mais, débarqué tout droit d'Afrique, où si j'ai bien compris il avait sévi pendant de nombreuses années, ou tout au moins suffisamment longtemps pour y avoir contracté certaines habitudes à la fois paternalistes et colonialistes, il était du genre, en s'adressant à sa petite amie vietnamienne, à lui demander : *Dis-leur que tu m'appartiens !* J'ai eu honte pour lui, et tout de suite je me suis promis de mettre la plus grande distance entre nous, même si pour obtenir les camions pour le transport de matériel son appui semblait incontournable. Mais il fallut tout de même une semaine de négociations ! D'abord avec l'administration civile, puis avec les militaires, et enfin avec un colonel, à titre privé, grâce auquel pour quelques dollars la situation s'est arrangée plus rapidement, comme par miracle, et pour un coût raisonnable. L'armée acceptait finalement de nous mettre à disposition deux camions avec six hommes pour transporter notre matériel à Hanoï.

Vu de Paris ou sur une carte routière, le trajet Hô Chi Min Ville (Saïgon) – Hanoï ne paraît pas poser de problème, mais la réalité est tout autre... Par conséquent nous nous sommes mis d'accord, si dans les trois jours je ne réapparaissais pas Yves partirait de son côté pour m'attendre à Hanoï, en se gardant la possibilité d'intervenir auprès de l'ambassade de France et des autorités vietnamiennes. Me voilà donc parti en camion – russe – avec les militaires, assis entre deux soldats ! Heureusement qu'ils étaient maigres, car la cabine n'était pas particulièrement large, et les sièges plutôt du genre très fermes !

Nous voilà donc partis pour les mille six cents kilomètres de pistes à ornières, de routes cabossées, à travers plaines, ou plutôt rizières et montagnes. Dès les dix premiers kilomètres, j'ai compris que ce ne serait pas une balade touristique, qu'il nous faudrait beaucoup de temps, beaucoup plus de temps que je ne l'avais imaginé, pour rejoindre notre destination, sans doute trois jours et deux nuits. Des milliers de personnes circulaient dans tous les sens, à vélo, à pied avec des balanciers sur l'épaule, trottinant malgré une charge bien supérieure à trente kilos. Des vélos en réalité bricolés pour transporter tout, et de tout. De la paille de riz, des briques, des sacs de ciment, des montagnes de paniers en bambou, le tout en équilibre par miracle, de manière inimaginable pour nous autres Européens, dans d'énormes paniers de chaque côté du cadre. Et le plus extraordinaire c'est que dans chacun de ces paniers en sont imbriqués d'autres, jusqu'à former à droite comme à gauche un monticule de deux mètres cinquante à la base et de trois mètres de haut ! Extraordinaire, mais on s'en doute, pas très pratique pour la circulation, nous avons mis dix heures de plus que prévues, compte tenu des conditions...

Le voyage est superbe. Malgré la fatigue, les attentes interminables aux différents contrôles et passages en bac, et le fait que je sois secoué sans relâche compte tenu de l'état de la route, si toutefois on peut appeler ça une route, je suis un voyageur passionné, éberlué de tant de beauté. Oui, et admiratif pour tous ces gens qui travaillent très dur, dans des conditions incroyables, et qui témoignent malgré tout d'une grande joie de vivre ! Plus tard, en songeant à ces souvenirs, je me suis rappelé que j'avais pensé à eux en lisant ces lignes du livre de Phạm Duy Khiêm, *L'Ombre et l'Instant : Pures créatures, hommes de bonne volonté, c'est vous toujours que le sort frappe ! Mais l'homme, qui ne vit pas une seule existence, apporte en ce monde les dettes qu'il a contractées au cours de vies antérieures.* De là peut-être cette simplicité que j'avais observée alors en présence du malheur ? Par instants j'avais même l'impression d'être dans un film au ralenti, un enchantement ! En effet il nous était impossible de rouler plus vite, avec nos vieux camions russes il fallait impérativement s'arrêter tous les cinquante kilomètres, remettre de l'eau dans les radiateurs et les réservoirs de stockage sur le toit de la cabine. Pour ce qui est du carburant, heureusement, nous avions des jerricanes en quantité suffisante pour ne pas tomber en panne entre deux points de ravitaillement.

La traversée des nombreuses forêts de bambous, d'hévéas, de rizières et de plantations de thé en espaliers à flanc de coteaux était magnifique. J'avais l'impression d'être revenu un siècle en arrière, sans électricité, mais avec des petites lampes à pétrole un peu partout, et des gens qui fument la pipe à eau, assis sur de minuscules bancs en bois autour de tables très basses, et qui parlent, jouent aux cartes, vivent au rythme de la nature et du soleil.

Comment décrire la beauté de Da Nang sur la piste de Hô Chi Min, du col des Nuages au nord, des plages magnifiques, du Mont des *Cinq Éléments*, cinq pitons, symboles des cinq éléments, qui se dressent majestueusement à une encablure des eaux limpides et chaudes ? Comment décrire avec exactitude cette fourmilière humaine entre dix heures du soir et trois heures du matin, et encore... Et le travail dans les rizières ? Imaginez un buffle tirant un soc de bois pour labourer, et l'homme qui le dirige, sillon après sillon, s'enfonçant en marchant dans la boue jusqu'aux genoux ! Car il laboure dans l'eau, ici c'est l'unique façon de travailler la terre durcie par le soleil. Puis, après avoir asséché la parcelle de terrain, il casse les mottes à l'aide d'une sorte de gros marteau. Ensuite viennent la remise en eau de la terre, et le nivellement avec des planches – sortes de raclettes tirées à main d'homme – avant de planter la future récolte, tâche exécutée par les femmes cette fois. Toujours dans l'eau jusqu'à mi-mollet, pliées en deux toute la journée, elles repiquent par petites touffes ce riz si précieux qui, avec les liserons d'eau, leur a toujours évité la famine! N'oublions pas que cette nation n'avait pas la suffisance alimentaire en 1988, et qu'elle est devenue quatre ans plus tard le troisième pays exportateur de riz au monde!

Enfin, après trois jours et deux nuits et chaque jour dix heures quasiment sans aucune pose, les chauffeurs se relayant toutes les deux heures environ, nous sommes arrivés à Hanoï, le dos en ruine à cause de l'état de la route, ajouté à l'inconfort des sièges qui n'arrangeait rien – j'étais cassé, avec un mal de tête atroce, toute une épopée ce voyage! Comme prévu Yves m'attendait à l'hôtel *Métropole*, et après avoir pris une douche interminable je lui ai raconté sommairement mon périple. Il m'annonça que nous serions reçus le lendemain par le maire, appelé ici président du Comité Populaire de la Ville. Lequel avait chargé ses services de protéger le matériel resté chargé dans les camions stationnés dans les garages du Guest-House des Armées, situé à côté de l'Opéra. Et nous, après que j'aie raconté quelques anecdotes sur les péripéties du voyage et que nous ayons partagé un dîner léger – je dois avouer que malgré ma quasi-diète de deux jours et demi je n'avais pas grand appétit, je n'ai mangé que quelques boulettes de riz et des liserons d'eau, cette plante magique qui à plusieurs reprises, je l'ai dit, a sauvé le peuple vietnamien de la famine puisque ce liseron pousse très rapidement partout – après avoir dîné donc, nous avons regagné nos chambres.

Après une bonne nuit sur un vrai bon matelas et un réveil tardif plein de courbatures, suivi d'un petit-déjeuner qui s'éternisa tant j'avais de choses à lui raconter, Yves, qui avait trois jours d'avance sur moi, m'a guidé dans Hanoï, ville surprenante et très séduisante par ses allures européennes du siècle dernier avec son architecture coloniale et ses murs peints d'ocre jaune... Ensemble nous sommes allés à la découverte des différents quartiers au fil des rues. Le cœur du centre-ville en particulier et ses lacs chargés de légendes comme le lac Hooan Kiem restent gravés dans ma mémoire. En effet la légende locale veut qu'une tortue géante ait donné au prince de la cité une épée pour qu'il la libère de l'occupant. Après avoir vaincu l'ennemi, il rendit son épée à la tortue qui disparut à nouveau au plus profond du lac. Et la légende rapporte qu'elle est toujours là pour vaincre les éventuels envahisseurs...

Sur les trottoirs nous croisons une foule de marchands ambulants, dont certains vendent de la soupe et de l'eau, la plupart transportant des volumes énormes de marchandises, comme sur la route... Dans ce quartier, chaque corporation a sa rue, dont celle de la soie par exemple, où les femmes achètent leurs tuniques, appelées *ao dài, prononcez haodazaïl*. Là aussi il est certain que nous revenions un siècle en arrière... Nous nous sommes retrouvés assis sur des mini-tabourets, quinze centimètres de haut tout au plus, pour prendre notre premier thé en ville et partager une soupe de poulet avec une sorte de spaghetti. J'ai appris rapidement le nom de cette soupe, *phogà*, qui fera plusieurs fois mon ordinaire par la suite lors de mes nombreux séjours. Notre longue promenade nous a permis aussi de découvrir le lac Ho Tay et son environnement, et de nous plonger dans les années 1900, au cœur même de l'architecture coloniale, superbe dans l'ensemble, même si les bâtiments n'avaient pas été entretenus depuis plus de cinquante ans et qu'ils se retrouvaient souvent recouverts d'une végétation luxuriante, philodendrons, caoutchoucs, bougainvilliers, avec peu de fleurs en ce contexte de saison humide. Par hasard, nous avons découvert un parc magnifique, orné d'un gazon impeccable, la résidence du Premier ministre, face à un lac aux rives jonchées exclusivement de fleurs de lotus, où pêchent quelques personnes, les pieds dans la vase ou en équilibre sur de minuscules embarcations, sortes de planches avec de mini-rebords.

Toute la journée nous avons flâné et découvert bon nombre de pagodes, visité aussi Le Grand Magasin, la seule grande surface à l'époque, offrant exclusivement des produits russes, des bassines en plastique comme dans les années 50 en France, des chaussures rudimentaires, mais également du matériel de cuisine et de bricolage, des microscopes, le tout d'un autre âge !

Nous quittons le magasin, traversons la rue et entrons dans la seule boutique de souvenirs de la ville, au 43 Trang Tien. Trois vendeuses nous regardent avec surprise. Il n'y a aucun autre client. D'ailleurs elles étaient en train de papoter en partageant un thé, à vrai dire sans s'occuper de nous.

Nous n'avons pas osé les déranger, et après avoir examiné les différents objets teintés et sculptés dans la pierre, tableaux en coquille d'œuf et autres centaines de petites boîtes ciselées en argent, nous avons regagné l'hôtel Métropole situé tout près de l'Opéra, réplique du Palais Garnier à Paris. Et nous nous sommes préparés à rejoindre le Comité Populaire où nous étions attendus pour un dîner organisé par son président afin de nous remercier d'avoir mené le matériel médical et chirurgical à bon port, matériel destiné à l'hôpital d'Hanoï, baptisé *Vietnam-Cuba* – financé par Fidel Castro – j'ai découvert par la suite qu'il manquait absolument de tout. À peine arrivés dans ce grand bâtiment à l'architecture typiquement soviétique, avec des colonnes massives carrées, de marbre blanc, qui abritait le Comité Populaire, nous avons été reçus à la fois par le vice-président, qui parlait le français, et le président, accompagné de six de ses conseillers et de deux femmes interprètes.

Nous avons été conduits dans un salon éclairé par des lustres monumentaux datant de l'époque coloniale sous lesquels était dressée une grande table chargée de très nombreux plats, et on nous a placés en face du président, une interprète assise à côté de chacun de nous. Après les remerciements et quelques banalités d'usage, le président m'a demandé, toujours via l'interprète, quelle était ma profession. Dès que j'ai prononcé : *promoteur hôtelier*, et parlé de l'opération immobilière que je venais d'achever aux Antilles, j'ai eu l'impression d'être le Messie, oui, sans exagérer ! Tout de suite il s'est montré très intéressé par ma modeste personne, par ma profession, et il m'a déclaré : – *Nous avons besoin de vous pour construire un grand, un très grand hôtel ici. C'est la capitale du Vietnam et nous n'avons pas d'hôtel prestigieux capable de recevoir des groupes importants... Demain nous vous ferons visiter Hanoï, et mon directeur de cabinet, Monsieur Hang, vous accompagnera. Nous vous montrerons les terrains constructibles. Nous allons travailler ensemble.* Aucun doute, une nouvelle aventure allait commencer, l'avenir était prometteur ! Nous avons quitté nos hôtes après de nombreuses santés...

Et je revois Hanoï endormie. À l'extérieur l'éclairage est quasiment inexistant. Des centaines de mini-lampes à pétrole diffusent un faible éclairage permettant de découvrir au passage des groupes en ombres géantes sur les murs, des familles entières agglutinées pour manger, ou simplement parler et fumer. Car à la nuit tombée les minuscules magasins se transforment en habitations. Les familles s'entassent dans l'unique pièce éclairée faiblement par une lampe à pétrole. Dehors tout est sombre, les bruits de la vie se sont mis en sommeil, mais ce n'est qu'une apparence, la vie est bien là, et j'ai l'impression qu'elle ne s'arrête jamais. Les *com pho*, lieux où les hommes se retrouvent pour échanger les nouvelles et manger une soupe, se remplissent.

La télévision est inexistante, et en fait d'informations il s'agit plutôt des directives du Comité Populaire, diffusées par des dizaines de haut-parleurs à travers toute la ville, en moyenne toutes les heures.

Le lendemain matin, dès sept heures trente, le directeur de cabinet du maire, accompagné par le ministre des Énergies, venait nous chercher à l'hôtel pour nous faire visiter Hanoï et nous montrer différents terrains susceptibles de recevoir un grand hôtel. Durant plus de quatre heures, véhiculés à travers la ville, nous avons été amenés à découvrir des endroits plus surprenants les uns que les autres sur le plan du pittoresque, mais aucun n'était adapté. Aucun des terrains qui nous étaient présentés ne pouvait correspondre à l'implantation d'un grand hôtel. C'est en passant un peu plus tard devant le lac Ho Tay, un immense plan d'eau étendu sur plus de trois cents hectares, que je sus immédiatement que c'était le lieu idéal. Du fait de mes bonnes relations avec le Comité Populaire je pensais naïvement qu'il me suffisait de trouver le terrain. Nous l'avions, Yves et moi, contourné la veille, et là j'ai pensé que l'emplacement pouvait vraiment se prêter à la construction d'un véritable complexe hôtelier, d'un centre d'affaires digne de ce nom. De plus l'idée m'est venue, dans ce pays en plein démarrage économique, de prévoir un Centre de Haute Technologie sur les rives de ce lac immense et magnifiquement arboré. De surcroît en arrière-plan, on découvrait le parc magnifique de la résidence du Premier ministre, le tout offrait un environnement de toute beauté, parfaitement adapté.

Après avoir fait le tour du lac plusieurs fois, je repérai un espace superbe entre le jardin public et l'ancien lycée du Protectorat, occupé d'un côté par des logements, de l'autre par les studios de cinéma du Vietnam, en fait les films de propagande du Parti communiste vietnamien, rattaché au ministère de la Culture et de la Propagande. Après cette «promenade» de près de 5 heures à travers Hanoï, fort de ma découverte, j'ai laissé le soin au directeur de cabinet du maire et au ministre des Énergies d'en informer le président du Comité Populaire. Quelques jours plus tard, le directeur de cabinet m'a fait savoir qu'il allait faire en sorte que cette opération soit réalisable, et moi de mon côté il me fallait lui proposer un projet architectural structuré en respectant le style hanoïen et sa faisabilité économique, dossier qu'il présenterait lui-même au président du Comité

Central du Parti communiste.

Yves et moi sommes rentrés à Paris la tête pleine de souvenirs et heureux d'avoir pu remplir notre mission pour la livraison du matériel médical. J'ignorais totalement que pendant les cinq années qui ont suivi je multiplierais les allers-retours, et dès cette année-là six voyages en six mois. C'est ainsi que j'ai assisté en moins d'un an à l'ouverture du Vietnam du Nord, et que j'ai pu voir, dans les rues de Hanoï, la transformation spectaculaire de la ville au fil du temps. D'un voyage sur l'autre, le nombre des vélos diminuait pour faire place à des centaines, puis à des milliers de motocyclettes Honda, réservées au départ à une petite élite de fonctionnaires, puis au fil des mois possédées par tous.

Si, durant quelques mois encore, les magasins sont restés toujours aussi peu approvisionnés, avec exclusivement des marchandises russes, puis chinoises, des boutiques de matelas en mousse se sont ouvertes un peu partout. En somme c'était la mode, les nattes de bois n'étaient plus de mise ! Le matelas arrivait dans chaque famille, et la mousse était efficace contre l'humidité. Les affaires allaient bon train avec l'arrivée des premiers touristes...

Et mes affaires aussi avançaient. Après sept mois de négociation, alors qu'on aurait pu imaginer que les choses aient été plus rapides compte tenu de la qualité de mon interlocuteur de départ, je signai un accord avec le partenaire désigné par la Ville, la *Société de Gestion et de Restauration des Logements de la Ville d'Hanoï*. Pendant les huit mois suivants, je participai à de nombreuses réunions avec les différents services de la Ville et de l'État. Le principe architectural que nous avons présenté avec le Bureau d'Architecture C.I.E.C., basé à Saint-Cloud, était en parfaite harmonie avec les souhaits du président du Comité Populaire et du ministre. Je vous fais grâce de certains détails sur la qualité et l'ardeur professionnelles des architectes et les bureaux d'études locaux qui ont «travaillé» sur le projet... en vérité ils étaient surtout là pour la petite enveloppe de dollars que l'usage voulait que nous leur remettions à chaque réunion! Et en ce qui concernait le terrain, comme je devais attendre que ses occupants le libèrent, fort de l'approbation des Autorités, j'en profitai pour détailler le programme, réaliser des plans détaillés en perspectives pour donner un aperçu réaliste, et j'engageai les démarches pour obtenir le permis de construire. Au passage je noue des liens harmonieux avec l'Architecte en chef de la Ville et le directeur de l'École d'Architecture du Vietnam. C'est ensemble que nous affinons le principe architectural du projet : une pagode de style début du siècle, c'est-à-dire le 20ᵉ, est retenue pour le style des toitures et pour l'entrée. Les études de marché et les études financières ayant montré qu'il était nécessaire de faire un programme de bureaux conjointement à celui de l'hôtel, c'est un immeuble de sept étages, soit soixante mille mètres carrés, qui est envisagé, le plus grand que la Ville et le Vietnam aient jamais connu. Tout est décidé pour la réalisation d'un hôtel de trois cents chambres au-dessus de dix mille mètres carrés de surface commerciale dédiée à des boutiques de luxe et de dix mille mètres carrés de business center. Au surplus, un Centre de Recherche de Haute Technologie est prévu de l'autre côté du lac, dans le centre composé de villas désaffectées disséminées dans parc de 20 hectares appartenant à l'Armée. Tout cela représente en effet un programme de soixante mille mètres carrés, soit plus de cent millions de dollars US d'investissement pour le Vietnam.

En deux ans j'ai dépassé les quinze voyages, je suis un peu plus confiant à chaque fois, le dossier est en bonne voie. À une semaine de Noël on assiste à la transformation et à la multiplication des magasins de Hanoï, tout va très vite, comme sous l'effet d'un coup de baguette magique ils poussent comme des champignons... La vie marchande s'organise. Les étalages se remplissent de marchandises, d'objets d'importation les plus variés, mais la ville est toujours faiblement éclairée par ses myriades de petites lampes à pétrole, à l'exception des magasins où les tubes néon diffusent une lueur blafarde.

Je fais la connaissance de Claude-Emmanuel et de Van. Tous deux deviennent des amis. Van est mon interprète, et Claude-Emmanuel le rédacteur des innombrables documents destinés à l'administration, les deux entretenant la pression sur place pendant mes absences.

Les semaines et les mois passent, et à chaque retour au Vietnam ce sont de nouvelles réunions, à un moment on expose la maquette du projet dans l'entrée du Comité Populaire de la Ville, j'ai l'impression que les autorités font réellement le nécessaire pour que les occupants en place libèrent le terrain. Mais compte tenu du temps qu'il m'avait fallu pour créer la Zone d'Aménagement Concerté de Saint-Martin, j'avais appris la patience administrative... De plus, du fait de mes excellentes relations avec l'Architecte en Chef de la Ville et le directeur de l'École d'Architecture je me sens en confiance. D'autant plus que le président du Comité Populaire de la Ville, de passage à Paris pour une mission gouvernementale, venait de m'apporter des garanties morales quant au devenir du programme. Le permis de construire allait être signé dans une semaine, avant mon prochain retour à Hanoï.

Aussi quelle ne fut pas ma surprise d'apprendre en arrivant que le président du Comité Populaire était remplacé, que son vice-président avait été nommé ambassadeur du Vietnam en Ukraine ! Quant au ministre des Énergies, il était emprisonné pour corruption... Bien que l'on m'ait assuré que rien ne changeait pour le projet, vous comprendrez mon inquiétude, pour ne pas dire ma grande, mon immense angoisse. Car le temps de réalisation du projet s'allongeant en permanence, ma situation financière devenait critique, j'étais à découvert et mes loyers restaient impayés depuis huit mois. Près de trois années avaient passé, j'en étais à presque trente voyages, or chaque voyage entraînait de nouveaux emprunts auprès des banques et de divers actionnaires confiants dans le projet. Entre les sommes engagées pendant trois ans pour conduire à leur terme l'ensemble des études et des plans, les frais d'organisation de centaines de réunions à tous niveaux, les nombreuses réceptions, les voyages à répétition, plus le temps passait et plus l'addition s'alourdissait. Alors que les financements étaient acquis auprès d'organismes financiers de Singapour et de banques de Hong Kong, le terrain ne se libérant toujours pas après trois années de patience et trente voyages, une fois de plus je suis monté sur ma Honda et j'ai fait mon tour de ville... En effet j'avais pris l'habitude, afin de ne pas craquer, de faire mon petit périple des pagodes, et en particulier de me rendre jusqu'à celle qui avait un pilier unique et à laquelle on accédait par un petit pont – cette même pagode, en laque, qui m'a été offerte par le président du Comité Populaire, dédicacée au dos, qui est toujours présente dans notre salon.

C'est ainsi que j'ai pu suivre l'évolution, la véritable métamorphose de la ville en trois ans. Les Honda par milliers avaient quasiment remplacé les vélos, et les jeans la tenue traditionnelle des femmes. De nouveaux magasins ouvraient leurs portes par dizaines chaque mois, regorgeant de marchandises. Dans les maisons comme dans les magasins et dans la rue, les néons, avec leur éclairage blafard, remplaçaient les lampes à pétrole, maintenant il y en avait partout. Les cabines téléphoniques fleurissaient à chaque coin de rue. En bref, cette ville d'un charme fou, que je croyais endormie, s'était réveillée comme par miracle grâce à la libération des échanges décrétée par le chef de l'État, mais en perdant une grande partie de ce charme, de la magie qu'elle rayonnait.

En apparence pourtant, tout semblait devoir se passer favorablement. D'autant plus qu'après plusieurs rencontres et négociations avec la chaîne

Hilton, numéro un de l'hôtellerie de luxe dans le monde, j'avais signé un contrat déléguant l'exploitation de l'ensemble du projet. Les banques m'avaient donné leur accord permettant de boucler le financement du programme, le tour de table semblait terminé. Pour que tous ces concours financiers puissent se mettre en place, il ne me manquait plus qu'une licence d'investissement, mais grâce à l'intervention d'une de mes relations je fis la connaissance à Paris d'un ingénieur des Ponts qui prit la situation en main pour m'aider. Mais évidemment, ce qui n'était toujours pas acquis, c'est la libération des terrains...

Avant d'aller plus avant, il me reste aussi à vous raconter, parmi tous mes voyages, l'un d'eux, qui me frappa à jamais. Il faut dire que nous avions souvent du temps disponible, Claude-Emmanuel, Van et moi, pour partir visiter les environs... Dès mon premier voyage au Vietnam nous sommes allés à la découverte de la Baie d'Ha-Long, une des merveilles du monde !

CHAPITRE 11

Vents contraires à Hanoï : les enseignements initiatiques de la baie d'Ha-Long

Le Maire d'Hanoï nous avait octroyé, pour un prix raisonnable, une voiture et un chauffeur pour mieux nous contrôler. Nous sommes donc partis un beau matin, Claude-Emmanuel, Van et moi, à la découverte de la baie d'Ha-Long, qu'ils avaient eu la chance de visiter avant moi. Et dès la sortie d'Hanoï nous traversons le célèbre pont Eiffel qui enjambe le Fleuve Rouge. C'est un enchevêtrement de poutrelles. Des trains aux sifflements stridents, des voitures, avertisseurs hurlant, et des vélos passent, comme toujours tous surchargés de marchandises, de paquets, de paniers en bambou tressé contenant de la nourriture, et même des briques, du ciment, du charbon...

Dès que nous sommes parvenus de l'autre côté du pont, ce ne sont que cultures maraîchères à perte de vue, cultivées à la main par des centaines de femmes, une véritable fourmilière humaine. Quelques kilomètres plus loin encore, nous sommes émerveillés par les couleurs transcendantes, comme irréelles, en vérité tout un camaïeu de verts, des rizières à perte de vue. Notre voiture ne fera pas d'excès de vitesse ! Elle mettra deux heures trente pour faire quatre-vingts kilomètres sur les cent soixante-dix qui séparent Hanoï de la Baie d'Ha-Long.

Nous arrivons au premier bac, en l'absence de pont seul moyen ici de traverser le fleuve. À l'embarquement c'est folklorique. Les roues des camions trop chargés patinent dans la boue. Les vélos eux aussi sont surchargés par des litres et des litres d'huile, des montagnes de manioc, des monceaux de vieux morceaux de ferraille. À bord, des fillettes joyeuses, les plus petites ont à peine six ans, les plus grandes une douzaine d'années, tentent de gagner leur vie en vendant de l'eau bouillie, des fruits et des cigarettes à l'unité aux passagers du bac. Elles nous adressent les quelques mots en anglais qu'elles connaissent, même si nous n'avons besoin de rien elles nous donnent envie d'acheter. Après une demi-heure de traversée, le débarquement est tout aussi pittoresque. Tout le monde s'entraide pour sortir camions et vélos. Voilà une belle solidarité ! L'individu laisse place au collectif, ce qui est culturel en Asie communiste.

Après la sortie du bac, nous reprenons la route pour la baie d'Ha-Long. Les rizières laissent place à des montagnes de calcaire arides d'où la craie est extraite avant d'être transformée dans des fours à chaux artisanaux. Toute la famille travaille, y compris les plus petits enfants, il n'y a pas d'âge pour apporter sa contribution. Les enfants, dans le meilleur des cas, sont scolarisés cinq heures par jour, certains le matin, d'autres l'après-midi. Ce turn-over permet de rentabiliser l'occupation des locaux scolaires, et les professeurs travaillent donc dix heures par jour, avec une pause d'une demi-heure à midi, samedi compris, et cela tout naturellement.

Nous commençons à distinguer, sur notre droite, côté mer, les fameux chapelets d'îles et d'îlots de la baie d'Ha-Long, plus de trois mille en forme de pain de sucre ou dentelés, de toutes hauteurs, de toutes largeurs, et de toutes les couleurs, tantôt gris comme les roches de calcaire tandis que d'autres, recouverts d'une végétation luxuriante, sont verts. De ce point de vue, la baie d'Ha-Long est une merveille à l'état sauvage ! Et totalement vierge de tourisme, avec tout aux plus cinq mille visiteurs par an...

Un dernier virage est négocié, et nous entrons dans le village de Bay Chay, entouré d'une véritable forêt de pins qui lui donne des airs de station balnéaire française, mais abandonnée au sommeil depuis un siècle!

À la demande des autorités de Hanoï, nous sommes reçus à dîner par le Comité de la Jeunesse Communiste, avec mission pour lui de nous faire découvrir la baie le lendemain, en bateau – et aussi de maintenir notre surveillance. Nous sommes logés dans un hôtel relativement récent, en bordure de la route qui traverse la ville, la seule route carrossable qui mène à la frontière avec la Chine... Le trafic est inimaginable, un cortège de camions. Toute la nuit les klaxons me tiennent éveillé, c'est à qui fera fonctionner le plus fort son avertisseur pour dépasser l'autre dans la portion de ligne droite du village. À ce bruit des camions, il faut ajouter le brouhaha dans les chambres voisines, du fait des discussions houleuses autour d'une bière entre routiers pour se répartir les parts de chargements selon leur destination... À quatre heures du matin, n'ayant toujours pas trouvé le sommeil, je décide de me lever pour aller faire un tour... L'idée s'avère géniale et je me souviendrai toute ma vie de mon premier lever de soleil sur la Baie d'Ha-Long! Ce spectacle de la mer parsemée de milliers d'îles jaillissant vers le ciel est authentiquement magique. Avec la brume du matin, ces pitons rocheux faits de grisaille ou franchement verdoyants donnent l'impression de se dédoubler, comme sur certaines toiles chinoises sur soie que je pensais par trop irréelles, et qui ne font que reproduire *un flou artistique* incroyable, mais bien réel...

Je me reverrai longtemps flânant sur la digue qui longe la plage. Une plage? Plutôt un dépotoir de sable jaune où, à tour de rôle les camionneurs et les habitants, vous me pardonnerez l'absence de romantisme, des dizaines de personnes, hommes, femmes et enfants viennent déféquer sans aucune gêne, à la vue de tous...

J'ai hâte d'embarquer pour aller voir de plus près les milliers d'îles de ce décor de rêve, oui j'ai hâte de pousser davantage le périple pour découvrir mieux cette Baie d'Ha-Long que tous les anciens d'Indochine ont conservée dans leur mémoire parmi les plus beaux souvenirs de ce pays. À six heures trente, après une soupe au poulet phogà, nous rejoignons le secrétaire de la jeunesse sur la jetée, en réalité une ancienne piste en béton partant de la plage pour descendre progressivement vers la mer, qui avait été réalisée pour les hydravions français pendant la guerre...

J'accepte une réunion de travail avec son Comité pour le soir, et nous embarquons sur un sampan à moteur mis à notre disposition pour explorer la baie. À l'approche des îlots montagneux, Van, Claude et moi sommes subjugués par tant de beauté, même si pour eux il s'agit d'une deuxième visite. Notre accompagnateur nous décrit l'ensemble du site, immédiatement traduit par Van. Il nous apprend ainsi que la baie s'étend sur mille cinq cents kilomètres carrés, qu'il y a près de deux-mille îles karstiques, toutes marquées par l'érosion. Chaque île a sa personnalité, bon nombre possèdent leur crique. D'autres ont un lagon intérieur, petit ou grand, dont l'accès est possible uniquement par une faille dans la roche, ou par une grotte, mais toujours à marée basse, ce qui donne un coup d'œil exceptionnel lorsque, de la pénombre du tunnel on découvre le lagon intérieur, bleu foncé, où le ciel se reflète, entouré d'un écrin de végétation paradisiaque, véritable Jardin d'Eden ! Dans ce décor irréel, en levant simplement la tête, on découvre quelques aigles en vol, Très-Haut dans le ciel, et qui d'un coup d'aile foncent en piqué sur leur proie. Notre surprise est grande également lorsque, émergeant de la grotte, nous nous retrouvons entourés de tous ces pitons rocheux, dont nous devons sortir sans perdre de temps avant que la marée ne monte, le passage étant uniquement praticable à marée basse.

Les légendes au sujet de la baie d'Ha-Long sont éloquentes ! Elles racontent qu'un dragon errant sur terre serait descendu dans la mer afin de domestiquer les courants marins, et c'est en se débattant qu'il aurait taillé en pièces la montagne avec sa queue !

À plusieurs reprises nous accostons pour visiter des grottes, notamment celle où des dizaines de Bouddhas formés naturellement dans la pierre, mais très représentatifs sur le plan symbolique nous attendaient depuis probablement des millénaires. Nous passons toute la journée dans la baie, en vérité plus de onze heures, en éprouvant l'impression de vivre un rêve éveillé, entourés de pêcheurs en quête de poisson, de crevettes et de crabes. Des enfants sur les barques me font des signes d'amitié. Des guetteurs sont acrobatiquement perchés tout en haut des mâts afin de guider le bateau sur les bancs de poissons pour pouvoir jeter, avec une grande dextérité, des filets arrondis. Hélas parfois aussi pour pouvoir jeter des grenades, et là ce n'est pas le plus joli à voir, des dizaines de poissons se retrouvent à la surface, le ventre en l'air, à charge pour les enfants d'aller les ramasser sur de minuscules embarcations. Tous, instinctivement, nous font des gestes d'amitié, et les mots me manquent pour vous faire partager tout ça, vous rendre compte de ces paysages et de ces situations insolites, irréelles. Mais déjà en 1658, dans *Relation d'un voyageur chinois*, Phan Ting-Kouris le faisait merveilleusement bien.

La nuit tombée, nous avons rejoint le débarcadère en silence, la tête remplie de magnifiques images qui resteront à jamais gravées dans nos mémoires. Chaque fois que j'y repense, je revis cette première fois où j'ai découvert la baie d'Ha-Long avec beaucoup d'émotion, puis de mélancolie depuis que j'ai appris que des centaines de milliers de touristes déferlaient chaque jour et embarquaient par centaines pour la visite.

Le soir, nous dînons avec l'ensemble du Comité, et au cours de la réunion le président me demande de construire un hôtel ici. J'ai bien du mal à lui faire comprendre que ce ne sera possible qu'après avoir construit celui d'Hanoï, susceptible d'attirer beaucoup plus de monde. Lorsque la question du terrain se pose, non sans culot j'évoque le bord de mer, face à la baie. On me répond que c'est possible, qu'il suffit de déposer une certaine somme d'argent et de signer un mémorandum, et que je pourrais même reprendre un hôtel presque à l'abandon appelé *L'Ha-Long Un*. Nous le visitons dès le lendemain, et je découvre qu'il a servi de décor à certaines scènes du film *Indochine* de Régis Wargnier. D'ailleurs une pancarte signale toujours la chambre où a séjourné Catherine Deneuve pendant le tournage !

Tout dans cet hôtel est charmant, l'architecture avec ses galeries ombrées bordées de bougainvilliers, ses jardins débordant de fleurs, de plantes tropicales et d'arbres plus que centenaires. Les chambres sont meublées avec des lits et du mobilier en bois précieux d'époque, je ne vous décris pas la salle de bains, le tout est des années 1900 et sans entretien depuis 1955..., mais d'un charme à couper le souffle. Décidément ce voyage au Vietnam est un véritable voyage à remonter le temps.

Mais pour des raisons techniques que je ne développerai pas ici, je savais que cet hôtel était trop petit pour fonctionner de concert avec celui d'Hanoï. Il fallait donc envisager une extension pour tripler la capacité existante. Ce qui n'empêcha pas le président du Comité de me soumettre à signature un mémorandum le soir même, en me précisant toutefois que je devais lui présenter une maquette architecturale du projet et une étude de faisabilité. Il ajouta, en oubliant que c'était la condition que j'avais bien précisée la veille, que toute réalisation sur le site était étroitement liée à celle du projet de complexe hôtelier à Hanoï.

Une fois signé le mémorandum, et après avoir versé une petite enveloppe, je suis bien décidé à réaliser cet hôtel. Et la tête pleine de ce nouveau projet, heureux, nous reprenons le chemin du retour. Lors de mon passage sur le bac, certains enfants me reconnaissent, je les prends même en photo, en leur promettant de leur offrir les clichés lors de mon prochain voyage.

Un mois plus tard, toujours accompagné de Van et de Claude, lorsque je repasse pour rencontrer à nouveau les autorités à la Baie d'Ha-Long, ce qui me permet de montrer les photos aux enfants, ce ne sont pourtant pas les mêmes que je rencontre et qui me conduisent dans un petit village qui porte le nom de Chi Linh où les maisonnettes aux toits de chaume me font songer aux maisons d'Astérix le Gaulois ! Mais au détour d'un sentier, je retrouve la gamine qui vendait de l'eau chaude sur le bac, avec ses frères et ses Sœurs. Ils m'entraînent dans leur maison, où je suis chaleureusement accueilli par les parents. Et autour d'une tasse de thé vert, ils découvrent les photographies de leurs enfants avec une joie évidente, j'en ai encore l'image en tête. D'autres parents nous rejoignent, et au final c'est une cinquantaine d'enfants qui s'agglutinent derrière les barreaux de la fenêtre et à la porte d'entrée... La scène reste, et restera toujours gravée dans ma mémoire.

Malgré leur pauvreté ces gens sont habités par une richesse intérieure d'une exceptionnelle intensité. Avant mon départ, je leur fais la promesse de revenir pour vivre de nouvelles séances de photo, et je les prends une dernière fois dans mon objectif.

Et dans la voiture, malgré la présence de Van et Claude, je suis seul avec mes pensées, et je songe à mes propres enfants, je les adore et à chacun de mes voyages ils me manquent terriblement. Je me sens incapable de leur expliquer quelles sont les vraies valeurs de la vie pour comprendre où se trouve le bonheur. Chez nous ou ici ? Je suis de plus en plus convaincu que nous devons revoir nos priorités, nos choix. Et sans doute, de ce point de vue, je garderai le sentiment d'avoir loupé quelque chose d'essentiel au cours de leur croissance. Je n'étais plus heureux avec leur mère et bêtement je m'achetais une bonne conscience en leur offrant un confort matériel, alors que comme moi ils avaient besoin d'amour, de ma présence. Ils m'ont beaucoup manqué pendant tout ce temps passé au loin. Décidément, ce périple dans la baie d'Ha-Long et cette rencontre avec les enfants dans ce village m'ont ouvert les yeux sur d'autres valeurs... Certes ici ils sont pauvres, mais ils ont su partager avec une joie irradiante le thé et les litchis séchés, tout en commentant les photos avec de nombreux éclats de rire !

Je me promets ce jour-là de revoir mes priorités de vie dès que les deux hôtels en projet seront lancés. Oui, je me promets de retrouver ce qui est l'essentiel de ma vie, mes enfants.

De retour à Hanoï, fatigué par ces trois jours, mais comblé de souvenirs de paysages exceptionnels, je m'empresse de téléphoner à ma famille, et avant même d'avoir le temps de dire un mot j'entends : Bonjour, Papa ! C'est Leslie au bout du fil, et je lui réponds : *J'ai hâte de vous retrouver, vous me manquez beaucoup, je vous aime, j'aimerais tant partager avec vous tous ces moments sacrés et inoubliables que je viens de vivre ici !* Et puis Jennifer est arrivée, elle prend le combiné et répète sans cesse : *Bisous, Papa, je t'aime !* Toujours est-il que je connais un grand moment de solitude dans ma petite chambre d'hôtel, à côté de la gare, au milieu du bruit incessant de la ville.

Ce 31 octobre 1994 donc, dans cette chambre d'hôtel de Hanoï, quinze ans après mon premier désir d'écriture dans l'avion pour Saint-Martin, je réfléchis. Déjà les klaxons des motos et de quelques voitures résonnent, un concert qui commence tôt, aux alentours de six heures du matin, et se poursuit jusqu'à vingt-deux heures. Des enfants jouent dans la rue en bas, leurs petits cris de joie pénètrent dans ma chambre par la fenêtre grande ouverte. La température est douce, je viens d'avoir mes enfants à moi au téléphone, et tout ce qui me vient à l'esprit c'est : *Vous me manquez,* c'est peut-être pourquoi j'ai soudain envie de leur écrire. Non pas de leur faire une simple lettre, mais de leur écrire longuement. Je sais qu'à mon retour à Paris ils n'auront sûrement pas envie de m'écouter, pas par manque d'intérêt, mais simplement en raison de leur âge, Leslie a dix ans, Jennifer huit. Il leur manque la maturité pour comprendre. Serai-je capable de leur transmettre mes sentiments, mes sensations, mes pensées ? Nous verrons bien. Mais cette fois-ci c'est dit, je vais me lancer dans l'aventure de l'écriture.

Je n'éprouve pas de regrets dans cette vie, mais je leur souhaite tout de même d'être plus sages que moi. Je leur livre cette citation si belle, si pleine de réalité : *L'expérience est une lampe qu'on porte accrochée dans le dos pour éclairer le chemin parcouru et non le chemin à venir.* Oui, cette expérience, elle ne peut pas éclairer le chemin des autres, même pas celui de ses propres enfants. J'aimerais tellement leur éviter les embûches, très nombreuses, dans lesquelles je suis tombé ! Ils forgeront leur propre vie et j'espère que l'acier dont leur mère et moi les avons dotés sera assez résistant pour leur permettre d'accomplir la tâche qu'ils se seront fixée. S'ils croient qu'ils n'auront peut-être pas la chance de découvrir certains pays comme j'ai pu le faire, qu'ils se détrompent, il n'est pas impossible que ces découvertes se fassent à proximité de chez eux, sans nul besoin de parcourir des milliers de kilomètres, pourquoi pas en France ! Et s'ils partent un jour à la découverte de pays lointains, ils verront que ce ne sont plus les autres qui sont différents, mais eux-mêmes, qui y ont acquis d'autres habitudes, une autre éducation, une autre façon de vivre. Qu'ils respectent ces différences, qu'ils respectent les autres, et ils le leur rendront !

Qu'ils ne pensent pas que notre système soit le seul modèle possible, tous ont des avantages et des inconvénients ! Nous avons toujours à apprendre et à découvrir chez les autres, et même en nous, qu'ils cherchent et ils découvriront, comme l'a si bien écrit La Fontaine dans sa fable : *Le Laboureur et ses Enfants*, à force de travail il y a toujours un trésor à trouver, surtout si l'on prend la peine de plonger en soi-même !

Malgré dix années d'éducation religieuse, d'enfant de chœur, de scoutisme, moi ce sont mes années de franc-maçonnerie qui m'ont fait découvrir l'amour du prochain...

Et je crois que mes enfants, à leur tour, découvriront combien la Terre est belle, combien il est important de l'admirer, de la protéger... Tout en méditant, je regarde les gens par la fenêtre. Les uns font leur toilette, d'autres lavent leur linge, d'autres encore font la cuisine, tous puisent l'eau dans la nappe phréatique qui se situe à environ cinquante centimètres sous le sol d'Hanoï. Et ils jettent leurs eaux usées dans le caniveau qui s'écoule naturellement vers la nappe, cherchez l'erreur ! J'étais prévenu que l'eau de l'hôtel n'était pas potable, mais j'ignorais à quel point... En guise de filtrage, un simple réservoir était placé sur la terrasse de l'établissement, au cinquième étage, pour que l'eau soit distribuée par gravitation ou non. Pas de filtre, pas davantage d'eau de Javel. Inutile de vous dire que ma consommation d'eau en bouteille a considérablement augmenté à partir de cette prise de conscience !

Les voyages se succèdent. Les réunions s'enchaînent à longueur de journée. Les promesses aussi. À Paris, je suis de plus en plus confronté aux problèmes financiers. Heureusement que mon ami Michel Pécheur, mon ancien banquier, comme vous le savez, s'active toujours pour pallier le manque via les petits programmes immobiliers en cours en France. D'autant qu'au Vietnam il faut rémunérer localement les interprètes et tous les intermédiaires. J'ai sans cesse la crainte d'être obligé d'abandonner. Jusqu'au jour où, lors d'une énième rencontre avec les autorités, on m'explique qu'avec une somme importante – plus de deux millions de dollars ! – permettant de satisfaire aux besoins de la logistique locale, et tout ça bien évidemment en supplément des frais d'Architectes, de bureaux d'études, d'interprétariat et de rédactions d'actes, le dossier serait débloqué en un mois maximum.

Je suis désemparé, et de plus en plus convaincu que les organismes occupant le terrain ne déménageront jamais – il y avait déjà le service de cinéma, de l'État, en vérité l'officine de propagande du Parti, mais en sous-sol qu'est-ce qu'il y avait, d'étranges rumeurs couraient sans qu'on puisse s'assurer de leur degré de fiabilité, mais ce qu'on sentait bien c'est que dans toute cette affaire de terrain il y avait anguille sous roche. Et donc, en dépit de l'aide précieuse de mes copains François, Simon, Georges et Pascal, et d'un remboursement de TVA qui tombe au bon moment, ma trésorerie est engloutie, je n'ai pas d'autre choix que de prendre la décision d'arrêter, et d'arrêter en douceur pour ne pas froisser mes interlocuteurs et pouvoir quitter le pays sans difficulté... Pour moi c'était ça qui était devenu l'essentiel !

Deux jours plus tard, sous le prétexte d'aller consulter mes associés pour trouver les fonds demandés, je quittai donc Hanoï pour ne plus jamais y revenir. J'y ai même laissé tous les dossiers, seuls Van et Claude-Emmanuel étaient informés de ma décision. Je ne pouvais pas prendre le risque, après avoir tant distribué aux différentes autorités, de me retrouver bloqué sous un prétexte quelconque pour me neutraliser, par exemple qu'un petit malin à la douane glisse dans ma valise une substance illicite...

Depuis lors, j'ai beaucoup réfléchi.

Une chose est certaine, sans l'aspect enchanteur, magique, du Vietnam, qui a provoqué tant de nostalgie chez tous ceux qui y ont vécu ou même combattu, jamais je ne me serais ainsi laissé entraîner! Mais aussi je n'aurais jamais pu me remplir la tête de si merveilleux souvenirs. Moi aussi, comme tant d'autres, j'étais *sous le charme* du regard des enfants de là-bas, le jour où je suis revenu avec des cahiers et des crayons, avec des jouets pour Noël, et deux pompes diesel pour relever l'eau qui sert à irriguer les rizières, à proximité du fleuve et du bac, et ainsi permettre aux élèves d'apprendre leurs leçons plutôt que de passer des heures à relever l'eau de plus d'un mètre cinquante avec des écopes en bambou tressé dont un tiers se renversait dans le transfert.

Une autre fois, grâce à l'aide exceptionnelle de l'organisation des Chevaliers de Malte, j'ai pu me procurer une certaine quantité de médicaments, mais aussi mille cinq cents doses de vaccins BCG et autant contre l'hépatite B, ce qui a permis de vacciner tous les enfants du village... Là, cependant, pour eux c'était moins la joie, je n'étais plus le Père Noël! Mais le père de la petite fille qui vendait de l'eau, celui qui m'avait reçu la première fois, est décédé quelques semaines après notre rencontre, à quarante et un ans, d'une cirrhose du foie alors qu'il ne buvait pas d'alcool, et ce n'était pas une situation exceptionnelle. D'où ma décision de faire vacciner les enfants...

Est-ce que je regrette cette aventure au Vietnam? Je ne le crois pas. Disons que face à cette nouvelle épreuve j'ai peut-être adopté cette simplicité de l'Asiatique en présence du malheur, mais surtout le fait d'abandonner ces projets vietnamiens a certainement été déterminant dans la décision de mes deux filles de préférer vivre avec moi lors du divorce avec leur mère...

Et j'espère que Dieu me prêtera vie suffisamment longtemps pour qu'un jour je puisse emmener mes enfants dans ce pays, lorsqu'ils auront l'âge de comprendre le fond des choses, qu'ils pourront apprécier non pas seulement le décor, mais aussi son envers, sa face cachée – au Vietnam les deux sont tellement passionnants à découvrir !

Pour moi la baie d'Ha-Long est un lieu magique, mythique, c'est le plus beau paysage au monde, d'une beauté telle que c'est là que je me suis senti le plus près de Dieu.

Oui, un jour, dès que je pourrai, je les emmènerai là-bas, juste pour leur montrer le chemin d'une autre culture ! Nous arriverons par mer. Je choisirai un bateau, plutôt une jonque, qui passera par la passe profonde, plus pittoresque que la passe traditionnelle. Nous longerons l'île de Cat Ba aux fjords étroits. D'île en île, nous naviguerons entre les murailles à pic, tantôt lisses comme du marbre, tantôt comme sculptées par des artistes un peu fous. C'est un univers oppressant, vertigineux, irréel. Plus on avance, plus le passage se rétrécit, et enfin, merveille des merveilles, on entrera dans la mer bleue, là où, dit la légende, est descendu le dragon pour ordonner les courants. Ils découvriront le sentiment de naître, de sortir du chaos initial. Si nous arrivons au couchant, ils auront l'impression d'un gigantesque incendie annonçant la fin du monde, mais s'il y a de la brume, si le ciel est gris, alors ils s'attendront à voir surgir les génies de l'eau au travers du dédoublement des montagnes...

Toutes ces beautés, que j'ai visitées des dizaines de fois, je désire les partager : leur souvenir m'a souvent aidé dans les moments difficiles. Quand on a vogué, comme moi, le long des milliers d'îles de l'archipel, attendu la fin d'une averse à l'abri des grottes, on reste à jamais conquis !

Comment ne pas croire en Dieu, pas celui de telle ou telle religion, en Dieu tout simplement, celui qui habite en chacun de nous, celui qui par instinct nous fait savoir, par le truchement de notre conscience, ce qui est bien, ce qui est mal ? Impossible de ne pas croire au *Grand Architecte de l'Univers, en Dieu* !

Je ne sais pas pourquoi c'est maintenant, dans ce paragraphe, que je vous parle de Dieu. Peut-être parce que la Nature, la baie d'Ha-Long et l'ambiance de ce pays font que l'on sent mieux ici qu'ailleurs les choses et le sens du Sacré. La force de ce lieu, de tout ce pays, est accentuée par le fait que l'on sait que lorsqu'une personne meurt elle ne disparaît pas de la famille, elle rejoint l'autel des ancêtres. Que cet autel soit une simple tablette dans les humbles demeures, ou un véritable autel pour les autres, la photo du dernier défunt s'ajoute à celles des ancêtres, et un Bouddha et divers bienfaiteurs trônent et veillent au bien-être de la famille, qui dépose régulièrement des offrandes, non seulement à l'occasion des fêtes, mais aussi à des dates précises après la mort.

Ainsi le Vietnam, pays dont beaucoup de gens classaient les habitants comme athées parce que communistes, fait la démonstration de sa foi en sortant vainqueur de ses guerres, et aussi par le déplacement en masse de sa population au moment des Fêtes du *Têt* – du Nouvel An. Car la ferveur religieuse des Vietnamiens a survécu à tous les interdits. Aucun décret, loi ou menace n'a pu venir à bout de leur foi. Et je dirai à mes enfants : Que cet exemple vous serve de leçon pour toute votre vie, vous qui avez la chance d'être nés dans un pays libre !

Moi aussi, c'est ma foi qui m'a permis de surmonter tous les obstacles de ma vie, c'est ma foi qui a fait que ma famille est restée une famille unie, malgré les tiraillements qu'elle a pu connaître...

C'est pourquoi je remercie Dieu chaque jour d'avoir guidé mes pensées dans ce sens.

CHAPITRE 12

Renouveau spirituel avec la création de la Grande Loge des Cultures et de la Spiritualité

Dégagé donc de mes affaires au Vietnam, je devais faire face en même temps à un changement total de situation, plus communément appelé revers de fortune. En effet, le fait de ne pas avoir pu obtenir l'agrément pour que le programme de Saint-Martin puisse bénéficier de la défiscalisation – conséquence du blocage du ministre Henri Emmanuelli qui en avait littéralement fait cadeau au groupe de mutuelles – m'avait contraint de rembourser tous les investisseurs privés en revendant l'ensemble à un prix extrêmement bas, mais il faut le préciser sans aucune dette bancaire ou privée, sur une opération à l'époque de cent vingt millions de francs! Par contre, je sortais du Vietnam ruiné, endetté, d'autant plus qu'au même moment, du fait de la crise immobilière, mes opérations de promotion immobilière dans le Nord, plusieurs immeubles en construction à Lille, ne pouvaient aboutir, entraînant une véritable spoliation du projet par la banque...

Dans cette période difficile, très sombre de ma vie, le seul cadeau du ciel, mais le plus beau a été notre rencontre avec ma nouvelle épouse Christine. Un jour on rencontre une personne et elle devient notre plus belle histoire, sans laquelle je n'aurais jamais pu surmonter mes cinq cancers, les cinq années de chimio et les trente-cinq séances de radiothérapie, et en même temps repartir sur le plan professionnel pour la délégation de la Polynésie française et accomplir l'ambition de créer une nouvelle obédience, *La Grande Loge des Cultures et de la Spiritualité*.

En effet, c'est réellement ensemble que nous avons construit cette obédience, par un labeur commun au quotidien, car Christine était et est toujours présente dans ma vie depuis plus d'un an avant sa création ! En fait, dès 2001, une grande partie du temps que nous passions à la campagne consistait en un travail de chaque instant ! Oui, nous avons réellement tout fait ensemble, et comme à l'époque, même si elle était déjà acquise à la cause, ma future épouse Christine n'était pas encore initiée, alors bien obligé, sans être le moins du monde machiste, je lui dictais les rituels, et elle les transcrivait sur son PC. Et pour moi ces week-ends à la campagne étaient d'un grand réconfort pendant toutes ces années où j'ai dû subir divers traitements contre mes cancers successifs. Sans doute est-ce pour cela que je reste choqué aujourd'hui encore quand certaines personnes, ignorant tout de son histoire, clament que la GLCS est une affaire familiale ! Mais justement c'est sa force, son ADN, et d'ailleurs que je sache, le siège de la Grande Loge de France est bien resté, lui, installé par nécessité, pendant vingt ans et plus, de 1903 à 1925, au domicile de l'un de ses grands Maîtres, Gustave Mesureur – qui à part ça fut aussi, en 1901, le premier président du Parti radical dont j'ai moi-même fait partie...

De toute façon, lorsqu'on décide de créer une nouvelle obédience, il ne faut surtout pas croire que les candidats à la Grande Maîtrise soient nombreux. Les ambitions sont parfois grandes, mais devant les réalités de la charge, tous se dérobent. En effet il y a une grande, une énorme différence de travail entre reprendre une obédience déjà existante avec des structures, un réseau riche de quinze mille membres, avec un patrimoine immobilier en héritage, et le fait de construire une nouvelle obédience en partant de zéro...

J'avais continué d'exercer mes responsabilités maçonniques au sein de la Grande Loge Nationale de France jusqu'en 2000, puis n'étant plus en accord avec les dirigeants de l'obédience j'avais pris la décision de démissionner. Et n'ayant pas pour habitude de brûler ce que j'ai adoré, je n'en développerai pas les causes, de nombreux auteurs l'ont fait dans de nombreux ouvrages pas toujours aussi bien documentés que ne l'est celui de Sophie Coignard intitulé *Les Bonnes Fréquentations*. Tout ce que je peux dire très simplement c'est que je remercie le ciel qui m'a permis de croiser régulièrement, de partager le chemin de la Fraternité, d'entretenir des liens chaleureux avec des Frères exceptionnels que je n'aurais jamais eu l'occasion de rencontrer en dehors de la franc-maçonnerie.

En effet, si les hommes m'ont parfois déçu, la franc-maçonnerie jamais ! Elle m'a appris à ne pas juger, à ne pas vouloir changer l'interlocuteur que j'avais en face de moi, mais plutôt à me changer moi-même, à m'enrichir comme l'a si bien écrit Saint-Exupéry : *Si tu diffères de moi, mon frère, loin de me léser tu m'enrichis*. Mon expérience longue de vingt-deux années au sein de la Grande Loge Nationale Française m'a beaucoup apporté sur les plans culturel et spirituel – même si financièrement elle m'a coûté cher.

En vérité, après que j'ai eu annoncé mon départ, plusieurs Frères se sont empressés pour me convaincre de réformer notre Loge, *La Lyre de Salomon*, forte de plus d'une centaine d'adhérents, avec quatre-vingt-dix pour cent de présence à chaque Tenue, présence qui n'étaient pas de mon fait, mais des personnalités qui la composaient, personnalités du monde politique, militaire et sûreté militaire, hauts-fonctionnaires du renseignement et professeurs de médecine. La plupart d'entre eux avaient pour parrain notre très cher Frère Antoine Pagni, passé à l'Orient Éternel. Ensemble, tous ensemble, nous avions vécu une Fraternité, une solidarité sans faille. Je me souviens qu'un des membres Renaud D.., alors député avant de devenir ministre, avait manqué à son Parrain, immédiatement sur la simple demande de son parrain, il a été radié de la Loge, et ce malgré toutes les démarches qu'il a pu effectuer auprès du Grand Maître de l'époque, oui, il a dû changer de Loge...

Ce qui explique que le groupe que nous formions ait entretenu le contact et que pendant des mois, chacun soit venu me répéter son petit couplet : *Quand ouvres-tu notre Loge ?* Et à ce moment-là, je le sais, ça ne les aurait pas gênés qu'on crée une Loge «sauvage», juste entre nous, en dehors de toute obédience, mais ce n'était pas mon idée, moi je voulais fonder une nouvelle obédience, fidèle à la Maçonnerie de Tradition, mais sur des bases différentes auxquelles j'avais réfléchi depuis longtemps. Et ces entrevues régulières avec mes anciens Frères ne faisaient que me confirmer dans mon projet. La franc-maçonnerie me manquait et je commençais, oui, à envisager de créer quelque chose, à ceci près que, le paysage maçonnique étant déjà tellement fracturé, je ne voyais pas comment faire sans ajouter à cette fragmentation.

Mais venant d'une obédience théiste, je ne pouvais envisager, premièrement, ni de faire une Loge «sauvage» donc, sans attaches aux principes des *landmarks*, ni deuxièmement de faire une obédience constituée d'athées. Une nouvelle lecture du Rituel du 1er Degré m'a fait écarter toute tentation de refaire une copie des Constitutions régissant les obédiences existantes, même si je ne pouvais pas avoir la prétention de les connaître dans la mesure où, comme tout membre de la Grande Loge Nationale Française, j'avais prêté serment de croire en Dieu en m'engageant à ne fréquenter que cette obédience à l'exclusion de toute autre, et par conséquent j'ignorais tout de la façon dont les choses se passaient ailleurs, sinon dans les grandes lignes – les grands principes de base. En revanche, aucune autre obédience ne demandait de croire en une Force Suprême, que nous autres appelons le Grand Architecte de l'Univers.

Par ailleurs, partant du principe maçonnique de base que tous les Maçons s'enrichissent mutuellement de leurs différences, pourquoi laisser cinquante-deux pour cent de la population française, les femmes, à la porte de nos Temples ? C'est donc très naturellement que nous avons décidé de créer une obédience mixte, ce qui était une véritable révolution en 2003, à tel point que certains n'ont pas accepté de poursuivre l'aventure à nos côtés.

À ce sujet, je veux bien comprendre qu'il en est qui souhaitent travailler entre hommes ou entre femmes, et que d'autres enfin ne souhaitent pas travailler sur eux-mêmes, mais sur des faits de société ou de politique, libre à eux tous, et je l'accepte bien volontiers, mais ce n'est pas ma conviction. Pour moi la franc-maçonnerie doit servir en tout premier lieu de structure d'accueil et de formation mutuelle qui permette au récipiendaire, dès le jour de son admission, d'emprunter le chemin initiatique sur lequel on l'a placé pour qu'il se construise lui-même avec l'aide de ses Sœurs et Frères. Que par la suite il souhaite s'engager dans la vie de la cité, en politique, ou dans le monde associatif, c'est son affaire personnelle si c'est sa volonté, mais seulement, comme l'a si bien dit Confucius : *Si tu es capable d'écouter les battements de ton cœur, de rectifier le mental et le cœur...*

La franc-maçonnerie a de mon point de vue pour rôle essentiel d'apprendre à aller au-devant de soi, de rentrer en soi, à son rythme, sans contrainte, mais avec la Foi, ne serait-ce que la foi en soi, cette force que nous avons tous en nous et qui nous permet dans certaines situations de nous transcender, de faire des choses qui nous paraissaient impossibles.

Là également, Confucius développe parfaitement mon point de vue personnel lorsqu'il indique quels sont les trois points pour réussir : *Pour quelqu'un qui étudie et qui souhaite adopter une attitude correcte, il y a trois clefs. La première est la foi, la deuxième l'art de la décision, la troisième l'effort*– clefs auxquelles j'ajouterai quant à moi l'Initiation – et il conclut : *Si nous ne croyons pas, ce sera sans aucun bénéfice pour nous tous.*

En effet, si ceux qui conduisent la Cérémonie d'Initiation pour vous placer sur le chemin n'y croient pas, si le Récipiendaire n'y croit pas non plus, à quoi peut-elle bien servir cette Initiation ? Chacun doit avoir chevillé au corps cette volonté de progresser, de s'élever pour réussir son parcours maçonnique, c'est-à-dire sa vie ! En commençant par son travail d'introspection.

Alors, fort de ces réflexions, et convaincu qu'une obédience dite théiste philosophique – si on l'avait qualifiée simplement de théiste, pour le commun des mortels cela plaçait Dieu au centre de nos Travaux, comme à la Grande Loge Nationale Française – persuadé donc qu'une telle obédience pouvait avoir toute sa place dans le paysage maçonnique français, avec une quinzaine de frères nous avons décidé de créer, fin 2002, la GLCS, *Grande Loge des Cultures et de la Spiritualité*.

Sur le nom lui-même, Grande Loge des Cultures et de la Spiritualité, je n'ai pas rencontré beaucoup d'objections, sinon qu'un Frère souhaitait que spiritualité soit au pluriel, mais c'était le même qui estimait que les femmes n'avaient rien à faire en franc-maçonnerie en soulevant une série de prétextes tous aussi fallacieux les uns que les autres, il avait même ébauché les bases d'un rituel spécial pour leur initiation...

À une très large majorité notre GLCS serait donc bien Mixte, Laïque et Théiste philosophique, avec par conséquent l'obligation de croire en une Force Suprême, un Principe Premier, mais pas obligatoirement en l'existence d'un Dieu révélé, comme l'exige, elle, la Grande Loge unie d'Angleterre.

À ce propos, et pour régler une fois pour toutes la question du théisme tel qu'on l'entend à la GLCS, je dirai pour résumer que pour nous la notion de théisme recouvre toute foi en une force suprême agissant sur l'Univers, et dérive de *theia*, manifestation de cette action, à laquelle on accède par la Raison – l'Équerre – et la Connaissance spirituelle – le Compas. La croyance ordinaire fait alors place à la Foi, la *fides* de la Chevalerie, et le Dieu révélé, à la manifestation d'un Principe premier inconnaissable, auquel il n'est donc pas besoin de faire référence.

Si l'on va au fond des choses, pour nous, le Grand Architecte de l'Univers, notion largement déiste et anthropomorphe, est lié à la conception de la transcendance des siècles passés. Sur ce point la plupart des obédiences maçonniques régulières dans le monde se réfèrent à la Convention de Lausanne, ce que ne fait pas explicitement la GLCS, même si pour certains c'est implicite. Si en l'état, sans autre précision, la notion de Grand Architecte de l'Univers reste déiste de façon plus ou moins avouée, il me semble que le théisme, dans sa signification originelle, mais en général mal comprise, correspond à une approche bien plus moderne et partagée de la spiritualité.

C'est pourquoi la GLCS est à mon sens la seule obédience réellement théiste au sens ésotérique, spirituel et originel du terme, mais je conçois que ceux qui pensent qu'un terme doit être compris du plus grand nombre, notamment des non-initiés, n'admettent pas ce point de vue. Mais dans notre recherche spirituelle, nous qui sommes sur la voie, qu'avons-nous à faire de la vulgate et de Wikipédia ?

De toute façon pour nous la croyance implique le doute, et la Foi la liberté...

Toujours est-il que nous avons mis toute une année, Christine, devenue depuis mon épouse et membre de la G.L.C.S., le portable sur les genoux, et moi en train de feuilleter les rituels et différents ouvrages plus anciens les uns que les autres, pour élaborer le futur Rituel au premier degré du REAA, Rite écossais ancien et accepté, destiné à être mis en pratique dans toutes les Loges de la GLCS. Pourquoi modifier l'existant, me direz-vous, eh bien c'est qu'ayant travaillé pendant vingt-trois ans sur ce Rituel comme tout un chacun j'y trouvais des anomalies – certains pourront penser : quelle prétention ! J'assume...

C'est ainsi que nous avons été appelés à modifier divers points du Rituel, concernant par exemple la collecte du Tronc de Bienfaisance, l'Appel des Frères et Sœurs en Loge et les Oboles, la lecture de la Planche Tracée, la lecture des Correspondances, la lecture du Prologue de Jean, le Tracé du Tableau de Loge, la Colonne d'Harmonie, et puisque nous avons fait le choix d'être une obédience mixte, l'adaptation des termes mêmes du Rituel à la présence de nos Sœurs.

En un mot comme en cent, nous avons «*GLCS-isé* » tous nos rituels, ce qui a demandé trois années de persévérance pour le réaliser, puis quatre années supplémentaires auprès des comités et commissions inter-obédientielles pour obtenir leur reconnaissance officielle. Et nous aurions mauvaise grâce de trouver ce temps trop long, le Grand Orient de France ayant mis, lui, près de trois cents ans pour que ses Loges, pas l'obédience elle-même, puissent si elles le désirent recevoir des femmes candidates à l'Initiation. Est-il besoin de le dire, nous respectons pleinement le choix de chacune des obédiences en matière de mixité, la franc-maçonnerie française est plurielle et permet à tous et à toutes de choisir selon ses aspirations philosophiques ou en fonction de toute autre considération.

D'autant que, par les différents traités d'amitié que nous avons signés, les Sœurs de la GLCS peuvent visiter librement la Grande Loge

Féminine de France, la Fédération Française du Droit Humain, et l'Ordre Initiatique et Traditionnel de l'Art Royal, tandis que nos Frères, eux, sont les bienvenus à la Grande Loge de France, au Grand Orient, ainsi que dans toutes les obédiences mixtes, bref dans toutes les Grandes Loges, excepté la Grande Loge Nationale Française, qui traditionnellement ne visite pas et reçoit encore moins.

CHAPITRE 13
La main tendue dans l'adversité :
Gaston Flosse

Petite parenthèse dans mon parcours maçonnique, j'ai quitté mon ancienne obédience alors que mon docteur m'annonçait que mes analyses n'étaient pas bonnes, qu'une tumeur importante s'était développée sur mon intestin, et qu'il fallait donc m'opérer d'urgence...

Ce qui fut fait, et en quelques jours je me suis retrouvé soulagé de quelques dizaines de centimètres d'intestin. Puis le mois suivant ont commencé les séances de chimiothérapie...

Rassurez-vous, je n'ai pas l'intention de développer, mais je tiens juste à vous faire une fois de plus toucher du doigt combien la vie pour moi, combien ma vie a été géniale ! Et je ne plaisante pas, je le pense sincèrement...

Par la suite donc scanner, prises de sang et échographies tous les trois mois, une petite année passe, et vlan ! le docteur Patriarche du scanner Alésia m'annonce des métastases sur le poumon gauche. Rendez-vous est pris d'urgence avec le professeur Norlinger, chirurgien, et tout de suite direction l'Hôpital Ambroise Paré à Boulogne-Billancourt. Le professeur me propose avec insistance de recommencer une chimio, mais comme j'étais à peine remis de la dernière série, J'insiste sur le fait que n'étant pas en trop mauvaise forme pour le moment je préfère être opéré plutôt que d'attendre les éventuels résultats d'une chimio, la précédente, d'évidence, n'ayant pas été probante.

La semaine d'après, le Professeur Norlinger pratique donc l'ablation d'une partie du poumon gauche. Puis rendez-vous avec l'oncologue, le professeur Philippe Rougier, nouvelle série de chimio, et cette fois, pour garantir un meilleur résultat qu'avec la seule chimiothérapie, sic, vingt séances de radiothérapie – non ciblées à l'époque, pas comme aujourd'hui... Puis encore scanners, prises de sang et échographies tous les trois mois, une nouvelle année passe, et vlan ! le docteur Patriarche m'annonce des métastases sur le poumon droit et sur le foie qui, compte tenu de leur taille, se développent rapidement.

Rendez-vous est pris d'urgence avec le professeur Norlinger, mon chirurgien attitré, je n'avais aucune raison de changer, la confiance était établie. Direction l'Hôpital Ambroise Paré à Boulogne-Billancourt, cette fois avec Christine, ma femme, qui a tenu à m'accompagner, ce que j'avais toujours refusé jusqu'alors. Le professeur nous reçoit rapidement. Surpris des résultats, et sachant par avance que je n'opterai pas pour la chimio avant l'opération, il me demande quand je serais libre, demain lui ai-je répondu, et alors que j'évoque la possibilité de réaliser les opérations foie et poumon ensemble, étonné par la stupidité de cette demande il me répond très nettement : *Impossible ! Il faut trois mois entre chaque intervention !*, puis il appelle le bloc, *il y a une place pour le lendemain midi*, je rentre le soir même à l'hôpital et suis opéré le lendemain, en soins intensifs pour une semaine, c'est l'usage pour le foie.

Mais je m'impatiente, car deux mois, plus exactement soixante-dix jours après, le dernier scanner révèle que, si les métastases sur le foie ont bien été enlevées et sont cicatrisées, non seulement celles du poumon se sont développées en taille et en nombre, mais d'autres apparaissent nettement. Une nouvelle fois, rendez-vous est pris d'urgence avec mon professeur, chirurgien, je n'avais toujours pas de raison de changer, la confiance étant toujours de mise. Direction donc l'Hôpital Ambroise Paré, toujours avec Christine. Le professeur nous reçoit rapidement, rôdé au langage direct il appelle le bloc et je suis opéré quatre jours plus tard – et moi j'étais content, j'avais gagné quelque dix jours sur le délai de trois mois entre deux interventions, moyennant la signature d'une décharge de responsabilité vis-à-vis du chirurgien, évidemment...

Dix jours après, sortie de l'hôpital.

Et nouveau rendez-vous avec le professeur Philippe Rougier, oncologue, qui me reçoit chaleureusement et me déclare : *Vous n'avez plus envie de chimio ? Votre type de cancer semble être auto-résistant à la chimio comme à la radiothérapie, alors je pense que le plus sage est de vous ménager, et si de nouvelles métastases apparaissent à nouveau il faudra opérer, c'est la solution qui semble la plus adaptée.* Proposition que j'ai immédiatement acceptée, car quatre années de chimio et de radiothérapie, par intermittence certes, on s'en lasse, vous me comprendrez...

Mais j'ai décodé son petit discours de la façon suivante : il pense que je suis foutu, bon... Eh bien dans les années à venir il va voir que ce ne sera pas le cas !

Mon ami et Frère Pierre Chastanier, ancien professeur de Médecine à l'Université, m'avait dit que je devrais voir un de ses amis, André Lefevbre, qui a soigné et soigne toujours avec succès un grand nombre de ses amis et relations, et que je pouvais avoir une confiance totale en sa pratique de *l'auto-vaccin*, à l'époque interdite en France, d'où son installation à Bruxelles. Je l'appelle donc immédiatement, et il me demande de venir le voir avec les résultats de mon *pet scan* – un scanner en beaucoup plus détaillé, approfondi – mais à l'époque en France, même avec un coup de piston du général commandant l'Hôpital du Val de Grâce, le délai ne pouvait être raccourci au minimum qu'à deux mois... Pour finir, le vendredi en fin de journée, le docteur André Lefebvre me demande de me rendre à Bruxelles le lundi suivant – trois jours après – à l'Hôpital belge pour faire un pet scan...

À la suite duquel le docteur en personne m'a montré avec précision, mais avec les précautions psychologiques d'usage, les quelques embryons de métastases en formation... Sa proposition était de me faire tout de suite une prise de sang, et à partir de là une réinjection qui serait pratiquée après culture le samedi suivant dans une clinique du 15e arrondissement de Paris – j'ignore si j'ai le droit de communiquer son nom, étant donné que ce traitement était alors illégal en France... Toujours est-il que le samedi j'ai reçu mon injection dans le creux du gros orteil, et qu'il me prescrivait six mois de chimio, peut-être à renouveler, mais pas de radiothérapie, ouf!

Pendant tout ce temps-là Christine et moi avions loué une petite longère à Ecaquelon, près de Pont-Audemer en Normandie, où chaque week-end j'entreprenais de nouveaux travaux et entretenais les cinq mille mètres carrés de jardin, plutôt d'herbe folle, que j'avais transformés en quelques semaines en pelouse, avec au beau milieu un magnifique cerisier du Japon qui trônait en masquant la maison depuis le chemin, le tout ayant un charme exceptionnel. C'est dans cette maison que pendant des heures et des jours, trois années durant, Christine a tapé les premiers Rituels de la GLCS, ainsi que les prémisses de son règlement Général et de ses Constitutions...

Quant au traitement, il a duré onze mois, et depuis, merci! oui, depuis quinze ans je suis en paix et j'allume chaque jour une petite bougie en remerciement à cette Force suprême, mon *Grand Architecte de l'Univers* à moi, non seulement pour avoir été guéri, mais pour avoir eu là aussi, pendant ces dix-neuf années, un incroyable soutien de la part de mon épouse, des miens, mais également de mes Frères et déjà de quelques Sœurs.

Je ne ferai pas de développement ici sur la magie que peut être la foi en la guérison, David Servan-Schreiber a écrit un très bel ouvrage, plein d'espoir quant à la force que donne le fait de vouloir guérir.

Et la chance m'accompagne. Vous vous souvenez, j'accompagnais Yves Trestournel au moment de la Consécration des Loges de Nouvelle-Calédonie et de Tahiti ? Voilà qu'en 2000, Gaston Flosse, alors sénateur et président du Territoire de la Polynésie française – j'ignorais que Yves l'avait informé dès mon premier cancer de mes difficultés de santé ainsi que de mes problèmes financiers – Gaston Flosse donc m'a convoqué à la Délégation de la Polynésie Française à Paris, 28 boulevard Saint-Germain dans le 5e arrondissement. Sa secrétaire m'a simplement dit au téléphone : *Le président veut vous voir...*

Deux jours plus tard, je patientai dans l'antichambre, et rapidement je suis introduit dans le superbe bureau du président. Impressionnant, même pour moi qui avais eu l'occasion de me rendre dans de nombreux cabinets ministériels et au Sénat ! Le contexte n'était plus le même qu'en Polynésie, et je me demandais bien ce qu'il me voulait, surtout aussi rapidement ! Après l'accolade d'usage et quelques mots aimables, sans me parler de ma santé, il m'a dit tout à trac : *Marcel, j'ai besoin de quelqu'un comme toi pour développer ici, à la Délégation, une cellule d'investissements pour drainer les banques, les institutionnels, et tous types d'investissements "propres" en Polynésie. Nous bénéficions de la défiscalisation "Loi Pons", et tu as l'expérience de la défiscalisation, tu sais comment faire ! Tu es d'accord ?*

Vous comprenez ma surprise ! C'est ainsi que dès le lundi suivant, avec ma bonbonne de chimio à la ceinture, j'ai pris mes fonctions au troisième étage de la Délégation à la Polynésie, avec pour voisin Jean-Jacques de Peretti, ancien ministre.

C'est ainsi, oui, que les deux premières années j'ai orienté les dossiers des investisseurs sur les services de la Présidence à Tahiti, oui, près d'un milliard de francs quand même – vous comprendrez ma fierté d'avoir pu lui renvoyer l'ascenseur de mon mieux ! Toujours est-il qu'au bout de ces deux années fructueuses, lors d'une de ses nombreuses vacations sur Paris, je suis à nouveau convoqué par Gaston Flosse, et je pensais qu'il s'agissait de faire le point comme nous le faisions chaque mois. Mais après ma présentation des résultats et des objectifs investissements il quitte son siège derrière son bureau pour venir s'asseoir sur le fauteuil à côté de moi : *Marcel, je veux que ma compagnie aérienne, Air Tahiti Nui atterrisse à Paris, actuellement nous sommes limités à Tahiti-Los Angeles, je veux pouvoir atterrir à Paris. Tu connais du monde, je compte sur toi !*

Et il reprend : *Fais-moi un plan de bataille, il faut remplir les hôtels qui vont ouvrir, tu viens à Tahiti la semaine prochaine, je te présenterai Nelson Lévy, le président de la Compagnie. Je sais que ce n'est pas facile pour toi en ce moment, mais tu vas m'aider, et je demanderai à mon ami Jacques Chirac – alors président de la République – de nous aider si tu rencontres un problème majeur, mais évitons si on peut. À lundi donc, je t'attends à Tahiti, je donne l'ordre à Alain Fernbach – le Délégué de la Polynésie française à Paris – pour ton billet.*

Accolade, et je rejoins, un peu abasourdi, mon bureau deux étages plus haut. Toutes affaires cessantes, je téléphone à quelques relations pour avoir une idée du vade-mecum de ce qu'il faut faire pour obtenir des droits de trafic aérien en République Française – il n'existe pas de *Que Sais-Je* en matière d'aérien... Et j'invite à déjeuner au Pichet – l'un des restaurants préférés de François Mitterrand et de Roland Dumas, et par chance ce dernier est présent à la table d'à côté, ça fait toujours bien dans le décor – j'invite donc Patrick Alexandre, alors directeur commercial Général d'Air France, lequel, surpris de ma démarche du fait que je n'ai aucune expérience de l'aérien, mais sachant que Gaston Flosse est ami avec Jacques Chirac, accepte le rendez-vous, et m'informe que la clef pour obtenir des droits de trafic est entre les mains de la DGAC, Direction Générale de l'Aviation Civile. Dès la fin du repas, je me précipite pour prendre rendez-vous.

Après avoir résumé brièvement le but de mon appel auprès de deux interlocutrices, qui ont visiblement du mal à comprendre ce que je veux, j'obtiens d'une troisième un rendez-vous sous quarante-huit heures, un miracle quand on sait que j'ai rendez-vous à Tahiti avec le président dans cinq jours ! Et je suis donc reçu sans attendre par la responsable de la Division concernée et par une assistante, Charlotte Chapeau, très dévouée.

Toutes deux sont manifestement étonnées de ma démarche, probablement aussi parce que j'ai mauvaise mine – pendant toute cette période j'ai ma bonbonne de chimio à la ceinture – mais comme je sors avec beaucoup de modestie mon crayon et mon bloc pour noter leurs instructions, elles me donnent les grandes lignes pour constituer un dossier, tout en me précisant que le délai pour obtenir ce droit d'atterrissage est en général de deux ans, voire trois. J'ai pu constater qu'elles avaient bien pris ma demande au sérieux, car le lendemain avant midi je recevais par coursier la check list complète des pièces à fournir, et j'apprenais par ce même message que si le dossier était conforme il pourrait être présenté au Comité regroupant les compagnies aériennes deux mois plus tard. Autant dire qu'il fallait mettre le turbo, ou plutôt allumer les réacteurs, c'est le cas de le dire !

Fort de mes recherches, le lundi suivant à Tahiti je débarque dans le bureau du président Flosse où se trouve déjà Nelson Lévy, président d'Air Tahiti Nui. Présentations faites, ce dernier me rappelle froidement que je ne connais rien à l'aérien, et que de toute façon la *DGAC* (Direction Générale de l'Aviation Civile) ne nous accordera aucun droit de trafic parce qu'Air France s'y opposera. Bonjour l'accueil et bonjour l'ambiance, pour un premier contact avec le président de la Compagnie, ce n'est pas la joie ! Peu importe, je présente mon rapport au président Gaston Flosse et à son directeur de cabinet, Gilles Paoletti – un énarque dans tous les sens du terme, les bons et les spéciaux compris – et lui au moins, ayant aperçu le logo *DGAC* dans mes papiers, il a tout de suite compris que mes renseignements étaient de source sûre...

Deux jours plus tard, après avoir fait connaissance avec les différents services de la compagnie – puisque j'étais nommé officiellement Délégué Général d'Air Tahiti Nui pour la France – et sans revoir Nelson Lévy, je reprenais le vol pour Paris avec le dossier complet pour déposer la demande. Dès mon arrivée je prends rendez-vous à la *DGAC* avec l'assistante et lui remets les cinq exemplaires que j'ai photocopiés et appris sur le bout des doigts par la même occasion. Mes deux interlocutrices examinent en détail le dossier et m'informent que, comme précédemment annoncé, il sera présenté au Comité dans deux mois environ, et qu'il me faudra être présent pour le plaider auprès des compagnies qui desservent Tahiti et Los Angeles, et qui sont donc parties prenantes de la décision d'accorder ou non les droits de trafic sur Paris.

Nouveau rendez-vous, nouveau déjeuner, mais cette fois à Roissy dans sa salle à manger, avec Patrick Alexandre, directeur commercial Général d'Air France, pour le tenir informé, mais surtout pour obtenir qu'il nous soutienne lors du passage en Comité, et aussi qu'Air Tahiti Nui ne soit pas affecté à l'aérogare T 5, c'est-à-dire au fin fond de Roissy avec les compagnies charters...

Le jour du Comité, le président d'Air Tahiti Nui accompagné de son amie de toujours Maeva Salmon et son directeur commercial sont bien là, nous sommes près de quarante autour de la table, et après quelques échanges acerbes entre Nelson Lévy et les diverses compagnies, qui ne souhaitent pas cautionner l'arrivée d'un concurrent de plus sur la ligne, le délégué de la compagnie Air France intervient en notre faveur, alors que Jacques Maillot, président de Nouvelles Frontières, et le président d'AOM se montrent, eux, très hostiles au projet.

Deux mois plus tard, le président Gaston Flosse me demande de l'accompagner à Toulouse dans les ateliers d'Airbus, pour définir les aménagements intérieurs, par classe de voyageurs, du nouvel Airbus en commande. Tout est impressionnant sur le site, depuis la réception officielle et son grand déjeuner avec les présidents, jusqu'à la découverte de l'Airbus en construction, un véritable monstre, l'intérieur couvert de fils et de tubes, d'isolants...

Dès son retour à la Délégation, à Paris, le président Flosse me demande de le suivre dans son bureau, et après avoir composé son numéro de tête j'entends : *Allo ! Jacques (Jacques Chirac), je rentre de Toulouse, ça y est, j'ai vu Forgeat (le président d'Airbus), tout va bien, il a accepté la négociation à quelques détails près, mais il cédera. Maintenant il faut que tu interviennes, la DGAC ne doit pas se laisser influencer par "Nouvelles Frontières" et AOM, surtout qu'AOM n'en a plus pour longtemps et que donc le Territoire va se retrouver avec une rotation en moins, il faut prendre les devants, je sais que je peux compter sur toi, Jacques, merci, je te vois dans quinze jours à mon retour, au revoir, tu me tiens au courant, hein ? Merci !*

De mon côté, dans l'attente des autorisations d'atterrissage et d'une place dans une aérogare, j'ai profité du vent favorable, comme on dit souvent dans le langage de la voile et de l'aviation, pour mettre en place la commercialisation, car il ne s'agissait pas seulement d'obtenir des droits de trafic, encore fallait-il remplir les trois vols par semaine ! N'ayant ni le personnel ni la compétence pour le faire, avec l'assistante de Nelson Lévy, Maëva Salmon, ex directrice de Tahiti Tourisme, nous avons approché une société spécialisée qui offrait une plateforme de réservations sur laquelle toutes les demandes des agences de voyages et des tour-operators pouvaient être traitées – ce qui est simple à dire, beaucoup plus complexe à réaliser ! Excellent contact avec Jean-Louis Baroux, grand professionnel, président du groupe APG, Air Promotion Group, et après quelques solides négociations, le contrat est signé pour cette sous-traitance.

Reste à faire le tour de tous les agents de voyage et des tour-operators, mais l'Office du Tourisme de la Polynésie française étant hébergé au rez-de-chaussée et ses bureaux au premier étage, il m'était facile d'établir ce lien, d'autant plus qu'avec Christine Sauvagnac, en charge de cet Office et très appréciée des professionnels du tourisme pour l'ensemble de l'Europe, nous entretenions d'excellentes relations, et ses conseils et sa disponibilité, malgré ses nombreux déplacements en France et dans toute l'Europe, ont fait que j'ai pu participer aux différents grands salons professionnels et ainsi à ses côtés, faire connaître aux acteurs du tourisme en général, et à la majeure partie des agences de voyages spécialisées dans le tourisme vers la Polynésie en particulier, l'arrivée prochaine d'Air

Tahiti Nui à Paris.

Je vous fais grâce des détails, mais après avoir signé un coacher –
une assistance services – avec la compagnie Air France, l'atterrissage en
2002 du premier vol s'est parfaitement déroulé, et à présent il y a un vol
par jour. Si après cette expérience vous ne croyez toujours pas à la série
énorme de chances que la vie m'a offerte, et sur un plateau doré – tout
en précisant qu'il est important de lui répondre à la chance quand elle
vous sourit ! Oui, pendant deux ans, avec ou sans bonbonne de chimio
à la ceinture, j'ai fait une arrivée du vol à six heures trente du matin une
fois sur deux, et assisté quasiment à tous les enregistrements pour les
départs. Je dois à ce sujet souligner le fait que rien n'aurait été possible
sans l'expertise et l'aide très précieuse de Louise-Anne Rivoal, la chef
d'escale d'Air Tahiti Nui, que je remercie à nouveau, en particulier pour
sa patience face aux clients, tous se considérant comme beaucoup plus
importants que tous les autres passagers, tous prétendant avoir un lien
familial, réel ou pas, avec le président Flosse...

Mission accomplie, retour pendant un an à la Délégation et à la Cellule
des Investissements, jusqu'à ce que le président Gaston Flosse perde
les élections territoriales. Son successeur indépendantiste ne supportant
pas la présence de *franys* – Français de France – dans l'enceinte de la
Délégation, il m'a fallu prendre mon chèque et, après cinq années
formidables, tourner le dos à cette superbe aventure que m'avait offerte
Gaston Flosse.

Et à son sujet, quoi que certains aient pu en dire, je l'ai toujours vu,
moi, d'une générosité, d'un humanisme exceptionnel et d'un dynamisme
à toute épreuve, il fallait le voir arpenter la longue salle de transit de
l'aéroport de Los Angeles, s'adresser à chacun avec le mot pour la famille
restée au pays, tout ça avec une mémoire véritablement hors du commun !
Il n'est pas possible de développer autant d'empathie pour les gens sans

les aimer sincèrement. Quelles que soient les fautes qui aient pu lui être reprochées, il a beaucoup distribué aux étudiants polynésiens à Paris ou à Montpellier, aux nécessiteux qui étaient évacués sanitaires pour venir se faire soigner dans les hôpitaux parisiens, bref il a su donner à la Polynésie un essor exceptionnel, une dynamique extraordinaire qu'elle n'aurait jamais obtenue sans la détermination d'un tel homme. Depuis son départ des affaires, les îles se sont comme éteintes...

Merci, président, merci Gaston !

CHAPITRE 14

La Grande Loge des Cultures et de la Spiritualité : une nouvelle obédience novatrice

Et la Grande Loge des Cultures et de la Spiritualité dans tout ça ?

Eh bien nous avions préparé les nouveaux Rituels, ainsi qu'une Constitution fixant les grands principes, plus une base de fonctionnement en établissant un Règlement Général, tout cela avec la complicité de mon grand Frère et ami Jean Dubar, avec lequel nous avions partagé les mêmes responsabilités dans les DOM-TOM, lui pour la GLTSO, Grande Loge Traditionnelle Symbolique Opéra, et moi pour la Grande Loge Nationale Française. Déjà à l'époque nous échangions régulièrement nos informations pour ne pas récupérer de mauvaises Pierres dans nos jardins respectifs. Il faut dire que la Guadeloupe et plus encore la Martinique sont l'une des Régions de France qui battent le record du ratio de francs-maçons au regard de la population...

Ce qui vous explique pourquoi, huit années de suite, j'avais invité les dirigeants de la GLTSO – qui eux aussi, comme je l'ai moi-même fait plus tard, avaient quitté la GLNF, dès 1956 – au dîner de gala clôturant l'assemblée générale annuelle de la GLNF, lorsque Bernard Bertry était chargé de la Grande Maîtrise. Jusqu'au jour où Claude Charbonniaud, le nouveau Grand Maître, m'a sommé de ne plus inviter « ces gens-là », ce que j'ai bien été contraint de faire, contre mon gré...

C'est d'ailleurs lors de la réception protocolaire de ce dîner, en décembre 1999, qu'ayant appris que quatre de nos Frères africains avaient disparu j'ai refusé de serrer la main au président de ce pays, à l'époque très ami de la France. Le fait que le Grand Maître m'ait immédiatement rappelé à l'ordre et que je n'aie pas obtempéré m'a valu sept contrôles fiscaux, un sur chacune de mes sociétés immobilières, et ça s'est multiplié avec acharnement, pour ne trouver finalement que des broutilles, mais en paralysant ces sociétés pendant des années. Il faut dire que ce président africain entretenait d'excellentes relations avec le président de la République Française et il lui avait demandé de me faire la peau. Il faut dire aussi qu'au lendemain de l'incident j'avais été convoqué par Yves Trestournel qui m'avait demandé de l'accompagner à l'hôtel particulier dudit président africain, square du Ranelagh à Paris. Là nous avions été reçus par son ancien premier ministre, qui après m'avoir expliqué que je n'avais pas été malin d'agir ainsi publiquement, que je risquais de regretter longtemps mes propos, m'a proposé que son président, Yves, lui et moi soyons sur une même photo pour le prochain numéro de *GLNF Actualités*, le journal que lisaient tous les membres de la GLNF, ce qui devrait étouffer le coup... J'ai donné mon accord sous la seule réserve qu'avant qu'on prenne la photo je puisse voir physiquement les quatre Frères disparus, mieux qu'ils soient sur la photo avec nous. Sa parole ne m'ayant pas suffi, j'ai quitté la résidence, et les ennuis ont effectivement rapidement commencé, et sérieusement !

Mais fort heureusement mes relations personnelles, tant avec Jean Dubar qu'avec les dirigeants de la GLTSO, étaient restées harmonieuses malgré le refus de Claude Charbonniaud de les recevoir à notre dîner de gala. Aussi, lorsque j'ai annoncé que je créais la GLCS et que je recherchais des Temples à louer pour nous réunir, ils m'ont spontanément proposé de nous héberger dans leurs locaux, Place du Marché à Levallois-Perret. C'était inespéré, et une douzaine de nos Ateliers s'y réunissent toujours chaque mois depuis 2003. Oui, depuis bientôt dix-sept ans !

Une grande chance pour notre petite, toute petite maison d'alors! De quinze fondateurs, dix-sept années plus tard nous sommes à présent près de mille quatre cents sur la matricule, puisque c'est ainsi que les membres sont répertoriés, comptés, même si le mot ne fait pas très fraternel...

En près de dix-sept années donc bien des choses se sont passées, de nombreuses petites et grosses montagnes ont été franchies, dont la première, celle de la mixité, ne fut pas évidente pour tous ceux de mes Frères qui venaient d'une obédience masculine dans laquelle il nous avait été enseigné pendant des années – vingt-trois pour moi et douze en moyenne pour les Frères fondateurs de la GLCS – que les femmes étant initiées par le pouvoir d'enfanter n'avaient donc pas leur place en franc-maçonnerie. Avis que je ne partageais absolument pas, ne serait-ce que du fait que les symboles forment un langage qui n'est pas réservé aux hommes et qu'il vaut mieux pour le genre humain que la volonté de se perfectionner soit partagée! Quant à ceux qui arrêtent leur réflexion quelque peu primaire au fait qu'il faille, lors de la Cérémonie d'Initiation, dénuder la poitrine du candidat pour y pointer l'épée ou le poignard pour le Serment, on leur répondra qu'à l'origine dénuder le sein droit était un moyen de vérifier si le Récipiendaire était bien un homme... ce qui n'est pas nécessaire dans une obédience mixte...

Il est important de se souvenir que, quelles que soient ses origines antérieures, supposées ou réelles, et elles ne manquent pas, la franc-maçonnerie est née dans un pub anglais, avec les règles en vigueur à l'époque dans ces pubs, interdits aux femmes... Et depuis 1717 chacun y va de son explication pour justifier cet état de fait de la non-mixité. Alors même que par ailleurs bon nombre de Maçons se sont engagés dans les différents combats qui visent à libérer la femme dans la société et que tous sont unanimes pour répéter à l'unisson la pensée de Saint-Exupéry, Si tu diffères de moi, loin de me léser mon Frère, tu m'enrichis! Je sais,

0

c'est la seconde fois que je le site, je ne m'en lasse pas...

Souvenons-nous que c'est Georges Martin, avec son épouse Marie-Georges Martin et Maria Deraisme, qui créent en 1901 – à cette même date Gustave Mesureur était président du Parti radical et membre de la Grande Loge de France – la première obédience mixte sous le nom de *Grande Loge Écossaise-Droit Humain*, première obédience mixte aussi à avoir la continuité initiatique des trente-trois degrés du Rite écossais ancien et accepté. Et c'est une Sœur qui assure la reprise des activités du Droit Humain au lendemain de la Grande Guerre. Quant à la *Grande Loge Féminine de France*, fondée en 1952, et dont les membres sont exclusivement féminins, elle est issue de la transformation de *L'Union Maçonnique Féminine de France*, elle-même formée à la fin de la Seconde Guerre mondiale en vue de créer la première obédience exclusivement réservée aux femmes.

Donc, notre nouvelle *Grande Loge des Cultures et de la Spiritualité* n'a pas transgressé quoi que ce soit en créant une obédience mixte, théiste, libérale, a-dogmatique et laïque – laïque par son respect de toutes les religions monothéistes, de toutes les formes de croyances en une Force suprême, et de la foi que chaque être humain porte en lui, et qui crée en lui un état de paix et un désir de progrès intérieurs... Comme toutes les obédiences qui se réclament de la Maçonnerie de Tradition, la GLCS exclut en son sein toute discussion portant sur la politique, les questions de société et la religion. Chez nous, chacun a pour première mission de se construire lui-même, de cimenter l'union fraternelle et de laisser à la porte du Temple tout ce qui pourrait diviser nos assemblées.

Pour en revenir à nos débuts, la GLTSO met donc ses locaux à notre disposition, et tout de suite nous recensons une cinquantaine d'adhésions, ce qui nous permet de créer les trois Loges nécessaires pour la consécration d'une obédience et de fonder une grande Loge, selon les usages et dans le respect des *landmarks*, afin de pouvoir être reconnus par toutes nos aînées.

Autre chose est le cadre formel de la Régularité, si chère à nos amis de la Grande Loge unie d'Angleterre, de la Grande Loge Nationale Française et de toutes les Loges dans le monde vassales maçonniques du Commonwealth. En effet, cette Régularité est liée à l'obligation, pour les membres, de croire en Dieu – qui plus est un Dieu révélé – et à l'interdiction de recevoir des femmes. Or, pour ce qui est des Rites, et en particulier le Rite écossais ancien et accepté qui n'est pas venu d'Angleterre, aucun élément ne peut être mis en avant pour justifier une telle ségrégation. La franc-maçonnerie doit rester fidèle à sa vocation, qui est de placer ses membres, hommes ou femmes, sur la voie initiatique, afin qu'ils progressent par la mise en œuvre des symboles et des mythes qui leur sont enseignés. En sachant bien que c'est dans une totale liberté de conscience, sans être soumis à aucun dogme, qu'à la GLCS, une fois sur ce chemin, le franc-maçon évolue sans contrainte, à son rythme, du 1er au 33e Degré, pour peu qu'il manifeste la volonté de progresser et de franchir chacune des étapes.

De nombreux Frères et quelques Sœurs d'obédiences amies étaient présents à la Consécration de notre obédience – qui n'est pas l'allumage des feux d'une nouvelle Loge – et lors des agapes qui ont suivi dans les salons du Cercle Républicain, avenue de l'Opéra.

Après avoir créé les Respectables Loges *Thomas More n°1* – notre obédience n'était-elle pas elle-même une utopie ? –, puis *République n°2* et *Agora n°3*, chacune dotée de son collège d'Officiers, avec une moyenne de seize Frères par Atelier, nous avons initié, le mois suivant, les cinq candidates en attente. Depuis, naturellement, et sans jamais rechercher la parité si chère à nos politiques, la mixité s'est installée confortablement dans nos Loges. Et ne demandez pas à notre Grand Maître quel est le pourcentage de Frères et de Sœurs, elle ne manquera pas de vous répondre qu'à la GLCS nous n'avons pas à compter, que nous travaillons en tant que francs-maçons, en mixité et non en quotas, et que les Ateliers, qu'ils aient plus ou moins de Frères et de Sœurs font tout aussi bien leur Travail...

Bien évidemment, comme nous nous y attendions quand même un peu, nous avons eu notre lot de critiques, et c'est bien normal; même entre francs-maçons, *Qui aime bien châtie bien!* Personnellement, je n'ai jamais accepté d'entrer dans ce jeu, sachant trop bien que j'eusse eu la chance, comme vous avez pu le constater en me lisant, de vivre des moments extraordinaires au sein de mon ancienne obédience. Oui, ce furent vraiment de merveilleux moments, et partagés avec tant de Frères! Je ne suis jamais entré dans le jeu des calomniateurs, partant du principe que le mal revient toujours à celui qui le fait. Je ne voudrais pas ternir l'image que j'en garde toujours au fond de mon cœur. Oui, que de souvenirs plus extraordinaires les uns que les autres j'ai vécus avec eux pendant ces vingt-deux années passées ensemble! J'ai ainsi participé à la création de Grandes Loges dans différents pays, d'une soixantaine de Loges en France métropolitaine, de plus de quinze en Outre-mer, j'ai parrainé directement près de soixante profanes, assisté activement deux samedis par mois aux différentes cérémonies d'Initiation, de Passage et d'Élévation organisées pour des Frères résidant loin de la France, souvent en Afrique. Bref, c'était une grande et très belle tranche de ma vie maçonnique que je laissais derrière moi pour écrire une nouvelle page... Et je dois avouer que lorsque j'ai revu pour la première fois, lors d'un déjeuner inter-obédientiel des Grands Maîtres, le nouveau Grand Maître de la Grande Loge Nationale Française, Jean-Pierre Servel, j'ai été heureux de retrouver sa fraternité sans réserve. Un grand Frère! Pour mémoire, c'est avec la complicité de Daniel Keller, alors Grand Maître du Grand Orient, que nous avons admis la GLNF aux déjeuners des Grands Maîtres, qui se tenaient jusqu'alors sans sa présence.

Par ailleurs, pour permettre à notre GLCS de se développer en offrant l'accès aux trente-trois degrés du Rite écossais ancien et accepté, il nous a fallu obtenir les degrés et qualités pour constituer un Suprême Conseil. C'est notre Très Respectable et Illustre Frère Joël Ducat, très ancien pour ne pas dire vieux Maçon de cœur et d'esprit, et qui avait suivi attentivement les trois années de gestation de notre obédience, qui m'a proposé de nous recevoir avec trois de ses relations, Illustres Frères du 33ᵉ Degré, pour nous élever à ce grade ultime lors d'un séminaire de trois jours dans une ancienne commanderie templière à Vaour, dans le nord du Tarn, à la frontière du Tarn-et-Garonne, non loin de Montauban, en pleine campagne occitane.

De cette ancienne commanderie subsiste un important bâtiment où nous avons été logés dans les étages, et si les salles de bain n'étaient pas tout à fait d'époque nous n'en étions pas loin, alors compte tenu, en ce début de printemps, de la température ambiante, plutôt plus que fraîche, et de celle de l'eau de la douche, nous n'avons pas eu à attendre longtemps que chacun ait fini sa toilette...

Après un solide petit-déjeuner Joël, notre Illustre organisateur, qui nous accompagnait, nous a fait pénétrer, Jérôme, Patrick, François, un autre Joël L., et moi, dans une magnifique salle voûtée, d'époque, avec de toutes petites fenêtres gothiques en ogive, éclairant faiblement, mais suffisamment cette pièce surprenante d'environ quinze mètres sur huit, avec un sol fait de dalles en pierre d'origine, patinées, ou mieux, lustrées par les pas. Au centre était dressée une table recouverte de tissu pourpre sur laquelle étaient harmonieusement disposés tous les symboles des 30ᵉ,

31e, 32e, et 33e Degrés. De chaque côté de la salle il y avait une rangée de bancs en bois tout aussi rustiques sur lesquels on nous a priés de prendre place pour écouter le programme de nos trois jours de séminaire. En effet, nous étions tous au 18e Degré, et pour passer au 33e, selon la Règle, nous devions recevoir en Degrés conférés tous les Degrés intermédiaires au cours d'Élévations successives, puis l'accès aux Tribunaux lors de l'Élévation au 31e, aux Consistoires pour le 32e, enfin aux Suprêmes Conseils pour le 33e et dernier Degré pratiqué au REAA.

Et aussitôt après ce petit cours pratique en forme d'aide-mémoire, nos cérémonies ont commencé. Joël Ducat officiait en tant que Souverain Grand Commandeur, assisté de deux autres Illustres Souverains Grands Inspecteurs de Suprêmes Conseils, l'un venu spécialement du Portugal, l'autre du sud de l'Italie – tous deux appartenant à des Suprêmes Conseils proches de la Grande Loge unie d'Angleterre. Ayant transgressé l'usage face à la mixité de notre obédience, ils m'ont demandé de taire leur nom ainsi que leur appartenance.

Ces trois jours se sont déroulés dans une atmosphère de travail très fraternelle, avec de nombreux échanges entre les Cérémonies sur les fondamentaux de chacun des Degrés, ce qui a fait naître en moi le désir de toujours rechercher l'humain dans les différents symboles et dans les mythes qui jalonnent l'ensemble de notre chemin initiatique. Car certains pensent déjà tout savoir et de ce fait, dans l'ignorance des découvertes à venir, demeurent au 3e Degré, se privant d'une Connaissance fondamentale nécessaire pour approfondir leur parcours intérieur et réaliser leur recherche d'eux-mêmes.

En tout cas, pendant ces trois jours passés à Vaour, j'ai bien senti que les trois Illustres Frères qui nous accompagnaient dans notre démarche initiatique avaient eux-mêmes soif de se nourrir de leurs propres mots, en recherchant pour nous, au plus profond de leur être, l'intonation exacte, le sens caché des mots, pour assouvir leur grand, leur immense désir de transmettre fraternellement, à l'aune des connaissances qu'ils avaient acquises tout au long de leur vie maçonnique.

Nous n'avions pas la possibilité de prendre des notes, c'était uniquement une transmission orale, je le regrette encore, car il m'a été totalement impossible de me souvenir de tant et tant de belles choses que nous avons reçues en cadeau ce week-end-là, et que l'on ne trouve pas dans les livres...

Pour l'anecdote, le dimanche en fin de matinée Joël Ducat, notre organisateur, nous a annoncé une surprise. Alors que nous étions attablés à discuter entre nous, deux grosses Mercedes noires sont entrées dans la cour de la Commanderie, et trois hommes au crâne rasé et une femme élégante en sont sortis, comme dans un film. Joël fait les présentations : nous avons en face de nous le Grand Commandeur de l'Ordre international *Knights Crusades Confederation*, des Chevaliers de Malte ! Surprise, que pouvaient-ils nous vouloir ? Très rapidement nous avons compris qu'ils étaient venus pour nous adouber Chevaliers, que notre mission ensuite serait de les représenter sur la région parisienne puis en France.

Ne sachant pas exactement ce que cet Ordre représentait, et à la condition que tous les présents soient adoubés avec moi, Sœurs et Frères inclus, j'ai accepté, et c'est tous ensemble nous nous sommes retrouvés vêtus d'une grande cape blanche avec une Croix de Malte sur la poitrine et une de Saint James sur le côté. Épée en main, nous avons reçu le titre de Chevalier... Et quelques semaines plus tard, je recevais à Paris, sur sa demande expresse, le Grand Commandeur qui, après avoir échangé des paroles aimables, m'a montré un certain nombre de réalisations financières où l'Ordre intervenait dans le monde, particulièrement au

Liban et en Palestine, en m'indiquant que pour le financement de locaux pour la GLCS il n'y aurait pas de difficultés...

Avec l'âge, j'ai appris à me méfier des choses faciles, d'autant plus que nous n'étions pas la seule obédience maçonnique, et que de plus importantes seraient encore mieux à même de répondre à leurs attentes. Devant la difficulté d'obtenir des informations précises sérieuses sur cette branche des Chevaliers de Malte, et compte tenu du nombre de groupuscules qui portent ce même nom, comme pour les Chevaliers de Saint-Lazare, dans le doute je me suis abstenu et les ai laissé repartir comme ils étaient venus. Le hasard de la vie m'éclairera probablement un jour. Toujours est-il que c'est ainsi qu'une partie des fondateurs de la GLCS sont devenus chevaliers de Malte ce jour-là...

De retour à Paris, nous nous sommes attelés à monter un Atelier du 4e au 14e Degré. En deux ans nous avons pu faire travailler toutes les Sœurs et tous les Frères qui en avaient la potentialité à tous les Degrés. Dans nos Constitutions nous avons d'ailleurs tenu à ce que tous les membres de la GLCS qui travaillent sérieusement puissent accéder s'ils le désirent, à leur rythme, à la Connaissance de toutes les étapes, jusqu'à la trente-troisième et dernière marche de l'escalier du Rite écossais ancien et accepté.

Dès 2004, par un protocole d'accord avec la GLTSO, (Grande Loge Traditionnelle et Symbolique Opéra) nous avons obtenu la première reconnaissance, et pendant trois ans, jusqu'en 2006, nous nous sommes appliqués à faire vivre nos Rituels et à donner à chacune de nos Cérémonies l'âme, l'égrégore, qui fait que nous travaillons véritablement hors du temps réel, de Midi à Minuit, comme il nous est enseigné. Et progressivement nous avons reçu de plus en plus de visiteurs, souvent venus en curieux, juste pour voir si ce qu'ils avaient entendu dire était vrai... Progressivement aussi, les Frères et les Sœurs ont parrainé, la

GLCS a pris forme, et nous avons obtenu la reconnaissance de toutes les grandes obédiences de France avec, dans l'ordre de signature : la Grande Loge de France, la Fédération du Droit Humain, la Grande Loge Féminine de France, le Grand Orient de France, l'Ordre Initiatique Traditionnel de l'Art Royal, la Grande Loge Féminine de Memphis Misraïm.

Et depuis, en plus de nos quinze Ateliers parisiens, nous avons pu consacrer, grâce au travail et au rayonnement de notre Très Respectable Frère Henryk Wierniewski, une, puis deux, et enfin une troisième Loge en Pologne, à Torun, Ustron et Varsovie, ainsi qu'un Triangle de Perfection. Plus un Atelier en Lettonie, et un Triangle en Irlande. À Bordeaux, du fait du dynamisme du Frère Éric Labenne-Rougier, un Atelier à Marseille sous l'impulsion de notre Frère Pierre Lacagne, un autre à Lyon avec notre Frère Patrick Bayle, en Nouvelle Calédonie, avec nos Frères Jean-Jacques Gaillard et René Guenerie, un autre est en formation et se réunira à Brazzaville avec Antoine Thomas Nicephore Fylla Saint Eudes et Euloge Henri Roch Ondziel Onna. Tout cela ajouté à nos Loges symboliques, à nos Ateliers de Perfection, Chapitre et Suprême Conseil... soit près de trente Loges.

En 2018 nous avons créé de *Prix des Cultures et de la Spiritualité* visant à récompenser un auteur, pas obligatoirement franc-maçon, pour un ouvrage correspondant aux valeurs que nous pratiquons dans notre obédience.

Par ailleurs, outre les plus grandes obédiences françaises, nous sommes reconnus par les institutions maçonniques internationales, comme le REHFRAM (rassemblement de la franc-maçonnerie africaine et malgache), à telle enseigne que nous avons accordé une patente pour la création du Rite écossais ancien et accepté à la Grande Loge Traditionnelle et Symbolique Afrique.

Nous sommes par ailleurs membre du CLIPSAS, Centre de Liaison et d'Information des Puissances maçonniques Signataires de l'Appel de Strasbourg, une organisation internationale d'obédiences maçonniques libérales et a-dogmatiques. Et votre serviteur est délégué auprès de l'ECOSOC, le Conseil économique et Social de l'ONU, organisme chargé de présenter un programme de lutte contre la faim et la soif dans le monde, au sein duquel nous œuvrons en collaboration avec la Compagnie des Grands Barrages Mondiaux sur divers projets en cours, en particulier des petits barrages permettant la production électrique, mais également l'irrigation pour la culture de plantes médicinales avec implantation de laboratoires pour l'extraction d'huiles essentielles, le tout main dans la main avec une quarantaine de grands laboratoires pharmaceutiques. En y ajoutant la culture d'une plante médicinale d'origine chinoise, l'Artemisia, qui soigne et prévient la malaria et le paludisme.

On peut donc dire que la GLCS se porte bien, très bien même – la seule difficulté à venir étant d'assurer la succession de notre cher Grand Maître Christine Sauvagnac, par manque de candidature du fait de l'énormité de la tâche à accomplir dans une petite obédience ;

Le chemin n'est pas facile, pourtant il mène à une magnifique destination ; se construire et aider ses Sœurs et Frères à faire de même.

Je l'ai déjà dit, hier est derrière, demain est mystère, aujourd'hui est cadeau. C'est pour cela qu'on l'appelle le présent et que la GLCS conserve son cap.

CHAPITRE 15

La réussite d'une nouvelle
voie initiatique fidèle
à la Tradition des Landmarks

Mais la vie de la *start up* de la franc-maçonnerie française, comme nous avait baptisés Sophie Coignard en 2003, n'a pas toujours été un *long fleuve tranquille*, tant s'en faut...

Mon souhait initial a toujours été, et demeure, de vivre la franc-maçonnerie telle que nous l'imaginions avant d'y être admis, et comme nous la souhaitions une fois à l'intérieur. Bien évidemment cette volonté ne peut suffire à elle seule pour que cet objectif puisse être atteint. Au-delà des mots, qui restent le support indispensable pour faire passer le message d'harmonie et de fraternité qui nous est propre, le plus difficile est de faire rayonner l'exemplarité de toutes et de tous, anciens et nouveaux, et ainsi de faire vivre l'amour, par chacun, de l'intérieur – en somme, de déclencher chez tous une prise de conscience de ce vers quoi il faut tendre, par l'apprentissage du langage des symboles. Car les livres maçonniques, comme certains sites dédiés, peuvent ouvrir de nombreuses portes, mais il appartient à chacun, et à lui seul d'en franchir le seuil, par l'Initiation.

Cela dit, si le sens véritable de la démarche maçonnique est le cheminement initiatique, conçu comme une quête de sens, un désir de progresser et de comprendre, il ne s'agit pas d'une démarche mystique et passive, elle ne laisse personne sans aide extérieure, livré à lui-même dans sa recherche au fond de son être intérieur. Car ce cheminement, qui permet de se construire soi-même, d'acquérir sa liberté en relativisant les tentations matérielles, est un travail personnel, mais il s'effectue avec l'aide de la Fraternité des Sœurs et des Frères qui nous entourent et avec, pour support, l'encadrement spirituel du Vénérable Maître et de ses deux Surveillants. Il est évident que sans l'aide des rituels pour progresser cette tâche serait impossible.

En fait, initier c'est placer le Récipiendaire au début du chemin initiatique, mais pas dans un chemin, ni au début du *seul* chemin, encore moins au début de notre chemin, mais au début de son propre chemin – un chemin qu'il va non pas suivre ou poursuivre, mais créer avec l'aide de ses Frères et Sœurs, en restant libre de sa démarche pour atteindre à son rythme le but qu'il s'est librement fixé.

Beaucoup, qui ne la connaissent que par leurs lectures, ou qui se basent sur l'observation de comportements pas toujours conformes à l'éthique revendiquée, jugent la franc-maçonnerie de l'extérieur. Il est vrai que c'est là qu'on retrouve cette exemplarité faite d'altruisme et de fraternité qui devrait être constamment présente à l'esprit de chacun d'entre nous, Frères et Sœurs. Altruisme et fraternité qui reflètent un désir de plus grande mutualité, de réciprocité, de solidarité, et qui sont à la source d'un élan qui nous entraîne vers une meilleure connaissance de la relation à l'Autre, pour parcourir ensemble la voie initiatique sans craindre la solitude qu'engendre la société d'anonymat actuelle. Et c'est ainsi que, conciliant les contraires, l'amour fraternel, qui développe la soif de transmettre et le désir du bonheur de l'Autre, peut assembler les apports de chacun pour en faire une œuvre. C'est ainsi que *la communion fraternelle* devient réalité et que, guidés par le Vénérable Maître et son Collège, les Frères et Sœurs sont intégrés au Verbe et entreprennent leur voyage vers la source de lumière : la Lumière initiatique. Chaque franc-maçon a à charge d'assumer deux fonctions nobles : accroître sa connaissance et la transmettre...

Pour en revenir à la GLCS, tout au long de notre développement, dès son origine, nous avons dû faire face à de nombreuses embûches et faire preuve d'une grande vigilance. Par exemple lorsque nous avons reçu une délégation de Frères disant représenter vingt-trois Loges de la GLNF, dont la plus grande majorité travaillait au rite RER, Rite écossais rectifié, et qui voulaient nous rejoindre. Outre le fait que ces Frères souhaitaient ne pas travailler en mixité, comme ils totalisaient près de sept cents Frères alors que nous étions nous-mêmes à peine trois cents, à la première assemblée générale ils pouvaient changer les règles de la GLCS à leur guise...

Nous en avons refusé bien d'autres, ce qui nous a permis de maintenir le cap. C'est ainsi que nous avons résolument choisi de progresser lentement, en coupant s'il le fallait les branches de l'arbre qui risquaient d'affaiblir nos racines... Notamment ces Loges qui, au prétexte d'étudier la question du transhumanisme, voulaient introduire les débats de société lors des Tenues. Partant du principe que ce genre de débat peut très vite tourner au *Café du Commerce*, nous nous y sommes opposés – de par mon expérience auprès du président Étienne Dailly, lorsqu'on voit le travail de documentation nécessaire pour présenter un simple amendement, comment aborder ce genre d'échange en néophyte sans tomber dans le fameux *y'a qu'à, faut qu'on ?* Il y a tellement d'autres échanges à avoir que notre choix d'écarter le politique comme le religieux a été dès son origine l'ADN de notre obédience.

De même notre refus de recevoir des Loges entières pour ne pas prendre le risque de voir le modèle des « autres » se reproduire en notre sein. Quoi de plus naturel en effet que de reproduire les gestes, les rituels des cérémonies pratiqués dans son obédience d'origine ? Mais nous, si nous avons pris la peine d'en créer une nouvelle, ce n'était pas pour reproduire l'existant! Notre refus fait que nous avons reçu très peu de Frères ou de Sœurs venant d'autres obédiences, ce qui nous a conduits à avoir peu d'anciens, encore moins de retraités. Et donc, contrairement à ce qui se passe dans les obédiences plus anciennes, bien souvent gérées, et bénévolement, par des retraités d'une grande disponibilité, nous sommes obligés de faire avec des Frères et Sœurs d'une moyenne d'âge de quarante-deux ans, c'est-à-dire l'âge où chacun est le plus dynamique sur le plan professionnel, le moins à même de consacrer du temps au fonctionnement de l'obédience en plus de l'assiduité en Loge.

Ce qui n'a pas empêché des Frères et des Sœurs de grande expérience de se joindre à nous et de nous faire bénéficier de leurs immenses connaissances. C'est ainsi que notre Respectable Loge *Thomas More* est maintenant devenue Loge de Recherche, et de ce fait sera amenée à publier ses Travaux.

Ainsi les années ont passé... C'est en 2009 que nous avons été invités au déjeuner des *Grands Maîtres*, qui se tenait à l'époque au beau milieu d'une salle de bistrot, à deux pas de l'Observatoire, loin des fantasmagories qu'un tel rassemblement pouvait engendrer chez les Frères et les Sœurs, quelle que soit l'obédience. Et puis avec l'élection de Daniel Keller à la tête du Grand Orient de France, qui depuis un certain temps ne participait plus à ce déjeuner, pas plus que la Grande Loge de France d'ailleurs, nous avons redonné sens, ensemble, à cette manifestation. D'abord en adoptant un lieu, *Le Salon du Premier ministre, Chez Françoise*, place des Invalides, et un ordre du jour où chacun devait prendre la parole. De plus, Daniel et moi avons décidé d'inviter Jean-Pierre Servel, le Grand Maître de la GLNF, c'était une première...

Depuis, les déjeuners se sont succédé, et de véritables échanges ont eu lieu, même si certains ont tendance à oublier que la franc-maçonnerie française est plurielle, et que des obédiences moins importantes en nombre peuvent travailler sérieusement et avoir leur juste place dans ce paysage maçonnique. Il y a malgré tout des grandes maisons qui ont du mal à se rappeler que la GLCS n'a pas eu la chance d'hériter, ou de recueillir la donation d'un hôtel particulier, ou de bénéficier de la générosité des Américains après-guerre, ou encore de faire l'objet d'un montage financier exceptionnel de la part d'un grand institutionnel, pas plus que de dons et legs.

Mais tous ces obstacles n'ont pas freiné notre volonté de créer notre obédience, avec ses spécificités à elle, uniques, et ceci sans ajouter à la fragmentation du paysage maçonnique français. En vérité, nous avons toujours montré le plus grand respect vis-à-vis du fonctionnement des obédiences plus anciennes, et nous demandons une juste réciprocité. *Nul ne s'élève en abaissant l'autre*, et nous aimerions que ce message soit compris, notamment par ceux-là mêmes qui ouvrent la porte aux marronniers sur la franc-maçonnerie dans la presse, tout en s'en offusquant alors qu'ils sont les premiers à les planter – mieux, à les entretenir par leur comportement. Ils devraient prendre conscience qu'ils ne représentent en rien la véritable franc-maçonnerie, celle que vivent les Frères et les Sœurs dans leurs Ateliers. Ces soi-disant porte-parole sont au contraire déconnectés de leur base, subjugués qu'ils sont par leurs fonctions administratives, lesquelles n'éblouissent personne d'autre que leur petit moi...

Ils oublient qu'ils ne seront pas jugés sur ce qu'ils disent, mais sur leurs actes, sur leur comportement. Et justement, à la GLCS, pour ne pas tomber dans le piège administratif de la fonction de Grand Maître, pour garder le contact avec la réalité des Frères et des Sœurs, nous avons précisé dans notre Règlement Général que le Grand Maître de l'obédience devait toujours rester Vénérable Maître de l'une de nos Loges, en l'occurrence Thomas *More*.

De cette façon, la GLCS progresse à son rythme, sagement et en fraternité...

Nous avons institutionnalisé notre dîner annuel partagé en fraternité avec toutes les obédiences le soir de la clôture de notre Convent, le premier samedi d'octobre. Autre spécificité, nous organisons chaque année un séminaire qui, jusqu'à présent, s'est tenu au Château du Val, le Château de la Légion d'Honneur, à Saint-Germain-en-Laye. Nous y rassemblons les Sœurs et les Frères de tous les Degrés, pour une formation par échanges oraux avec des membres qualifiés, appartenant généralement au Suprême Conseil de la GLCS ou à ceux d'obédiences amies. C'est l'occasion de se connaître entre Ateliers, de profiter des apports de chacun et de progresser dans son Degré, d'enrichir notre réflexion par nos différences – les *Ateliers de perfection* étant très sollicités pour leur permettre de transmettre à tous, hors de leur *tour d'ivoire*, car la Connaissance doit circuler...

Par ailleurs, notre obédience, par son Grand Maître, est régulièrement conviée à des dîners avec le président de la République, actuellement le président Macron, ainsi qu'à diverses réunions ou consultations sur la laïcité, ou sur la PMA par exemple, pour laquelle nous avons été reçus par le ministre de la Santé. En ce qui concerne la laïcité, notre Grand Maître a eu la possibilité, tant auprès du président de la République que du ministre de l'Intérieur, d'affirmer qu'il ne fallait changer en rien la loi de 1905, mais en faire appliquer strictement le contenu.

Et pour permettre à notre Grand Maître de s'exprimer au nom de l'obédience tout entière, un comité ad hoc a été constitué, de même que pour signer certains communiqués avec *le Collectif Laïque* où la GLCS siège depuis plusieurs années aux côtés de Jean-Pierre Sakoun et de Patrick Kessel ainsi que nos Frères de la Grande Loge de France. Il s'agit là d'actions citoyennes pour défendre nos valeurs fondamentales et non pas d'une quelconque action politique.

La laïcité est inscrite dans les gènes de tous les Français : qu'ils soient croyants, agnostiques ou athées, ils sont laïques à près de quatre-vingts pour cent, ce qui signifie qu'ils refusent tout dogme quel qu'il soit, et donc qu'aucune ingérence des religions ou du religieux ne doit intervenir dans les affaires de la République. Autrement dit, comme le dit si bien Victor Hugo : *L'État chez lui et les Églises chez elles!* Les religions, toutes les religions, doivent respecter les lois de la République. Chacun doit respecter chacun avec ses différences, qu'il est une religion ou qu'il n'en ait pas, c'est ce principe qui a fait la grandeur de la France pendant tant d'années et que de nombreux pays lui enviaient...

Contre vents et marées, *Sagesse, Force et Beauté de la franc-maçonnerie*

Comment conclure, sinon par le rappel de mon idéal maçonnique?

Oui, quel plus bel idéal pouvons-nous avoir que *ce vivre ensemble* qui est vivre avec soi en apprenant à mieux se connaître, en acquérant une meilleure maîtrise de ses pulsions – nous disons nos passions – et vivre avec l'Autre en apprenant à l'écouter sans aucun a priori? C'est-à-dire apprendre à écouter l'autre pour s'enrichir de ses différences et non pas pour lui répondre sans l'entendre.

Mais alors même que j'ai reçu les différentes cérémonies pour m'élever jusqu'au 33ᵉ Degré, je ne me sens pas en capacité de dire qu'intérieurement, moralement, je suis au sommet. Toutes ces instructions sont actives en moi dans ma vie quotidienne, mais la seule chose que je ressente vraiment, c'est que je ne le suis pas, et comme l'a chanté Jean Gabin sur les paroles de Socrate: *Je sais, je sais, que je ne saurai jamais!*

Par contre, pour moi, ce qui a été fondamental dans la conduite de ma vie c'est le besoin de savoir. Sans ce besoin, j'ignore ce qu'aurait été ma vie, et lorsque je me pose un instant pour regarder mon parcours, il est indéniable que sans la franc-maçonnerie elle aurait été bien fade. Comme je l'ai écrit à propos de Dieu, la franc-maçonnerie, et particulièrement la GLCS, aura été le sel de ma vie. Et, sans ce sel-là, les repas de ma vie spirituelle n'auraient pas eu la même saveur.

Oui, j'aime la franc-maçonnerie, j'aime les hommes et les femmes qui la composent, et même dans les pires moments où je pensais être trahi j'ai toujours pensé au symbole du blé, qui doit mourir en terre pour germer et produire un épi, une récolte...

Je n'ai pas le temps de détester les gens qui me détestent ou ceux qui m'ont trahi, car je suis très occupé à apprendre à mieux aimer ceux qui m'entourent et qui en valent la peine...

Il faut savoir surmonter les épreuves de notre belle vie et apprécier, chaque jour, chaque rayon de soleil, chaque moment de bonheur partagé en famille comme en Loge. Il faut savoir apprécier la force de l'Amour, sa puissance de régénération, pour triompher de ces épreuves justement, sans lesquelles nous ne connaîtrions pas ce qu'est le bonheur. Comme nous l'indique le Pavé Mosaïque, sans la référence du noir le blanc n'existerait pas. Quoi qu'il arrive, le soleil réapparaît chaque matin avec la naissance d'un nouveau jour.

La franc-maçonnerie a été créée par et pour les hommes, afin qu'ils aient un moyen de s'élever dans un cadre moral pour vivre ensemble dans la Paix, dans l'Amour, dans l'Harmonie, sans l'emprise d'aucun dogme.

Pour résumer, la franc-maçonnerie est l'une des voies initiatiques existantes – et en Europe la voie initiatique par excellence – et moi, cette voie me convient bien, je suis heureux de la partager avec des Frères et des Sœurs, anciens et nouveaux, comme je suis heureux de poursuivre mon chemin initiatique vers le but que je me suis fixé il y a maintenant bien des années, apprendre à aimer, à aimer coûte que coûte, car la force de l'amour est incommensurable.

Probablement suis-je trop naïf ! Dans ma vie, une des choses principales que j'ai pu constater, à de nombreuses reprises, a été écrite par Lao Tseu, cinq siècles avant Jésus-Christ : *Celui qui parle ne sait pas, celui qui sait ne parle pas.* Mais j'ai toujours éprouvé plus de plaisir à chercher à comprendre les hommes plutôt qu'à les juger, c'est sans doute la raison pour laquelle j'ai tendance à faire confiance... même s'il m'en a coûté très cher à de nombreuses occasions. Peut-être était-ce de l'orgueil ? Au fond de moi, je crois, j'avais la prétention de penser que d'autres avaient pu être trompés, mais qu'il n'en serait pas de même pour moi, tout simplement je me croyais plus intelligent que je ne l'étais. Au fil des ans, j'ai constaté à quel point le dicton est vrai : *L'expérience, c'est comme les allumettes, ça ne sert qu'une fois !* Mais tout compte fait, ma nature est ainsi faite, et à quoi bon vivre si ce doit être dans la méfiance permanente, c'est tellement bon de penser que l'Homme n'est pas si mauvais, pas si machiavélique... et après tout, on peut rêver, non ? Donc je continue à faire confiance et ceux qui en abusent se trompent eux-mêmes... Je suis toujours persuadé qu'il y a une parcelle de bien dans tout Homme. À nous de la découvrir.

Car pour moi, la philosophie est l'école du bonheur – je dis cela pour moi, car bien d'autres l'ont écrit au fil des siècles depuis les Grecs. Et toujours pour moi, il en va de même pour la spiritualité, qu'il ne faut pas confondre avec les religions au nom desquelles les hommes ont fait toutes les guerres en affirmant dans chaque camp : *Dieu est avec nous !* Alors qu'au nom du Grand Architecte de l'Univers vous n'en trouverez aucune, bien au contraire ! En relisant *Le Moine et le Vénérable* de Christian Jacq, vous constaterez au contraire qu'en pleine guerre de 39/45, entre gardiens allemands et prisonniers français, ils ont réussi à ouvrir les Travaux... De même, en 1914, suite à un signe de détresse maçonnique, un cesser le feu fut observé pour enlever les blessés et partager une trêve à Noël, sans parler de la création de la Croix-Rouge.

Même s'ils ne sont pas toujours de grands pratiquants dans les valeurs qu'ils prônent, les francs-maçons sont conscients de la force de la fraternité et de l'importance d'aimer plutôt que de haïr. Il y a toujours une petite voix intérieure qui le leur rappelle, et elle se manifeste au moment de la Chaîne d'Union. Même s'ils l'ont oublié, ou voulu l'oublier, lors de leur première entrée dans cette Chaîne d'Union il leur a été dit : Néophyte, *je vous poserai une dernière question : vous avez connu beaucoup d'hommes, vous avez peut-être des ennemis. Si vous en rencontriez dans cette assemblée, ou parmi les francs-maçons, seriez-vous disposé à leur tendre la main et à oublier le passé ?* De toute façon, qu'ils le veuillent ou non, leur mémoire est quand même réactivée lorsqu'ils participent à une nouvelle Cérémonie d'Initiation...

Si un Frère ou une Sœur veut vous dire du mal d'un ou d'une des nôtres, rappelez-lui cette phrase : les gens heureux ne perdent pas leur temps en faisant du mal aux autres. La méchanceté c'est pour les gens malheureux, frustrés, médiocres et envieux.

En conséquence, non, tout n'est pas perdu ! Il faut y croire *avec force, détermination et vigueur,* plus on y croit meilleur on est, comme l'amour fraternel l'altruisme est contagieux, efforçons-nous de rendre le monde meilleur ! Utopiste, direz-vous ? Mais pour moi l'utopie c'est le ballon avec lequel on essaie sans cesse de marquer des buts...

Au fil du temps je me suis rendu compte que jusqu'à mon Initiation je vivais dans un tourbillon pour oublier mes années d'Algérie, en vérité un vide abyssal habitait mon âme, obnubilé que j'étais par ce que j'appellerai un matérialisme affairiste. Tout tournait autour de mes résultats en termes de chiffre d'affaires, je vivais dans le monde artificiel du paraître en fréquentant tous les lieux à la mode. Par rapport à ça je réalise aujourd'hui que la peur de manquer a toujours été omniprésente dans mes pensées, elle conditionnait mes actions, parce qu'il n'est pas facile d'être né dans une famille modeste et de réussir sans avoir fait les études qu'il faut, sans fortune, sans un minimum de patrimoine. Il m'a fallu des années pour accepter mes origines et en devenir fier. Pour remercier mes parents de l'éducation, des principes qu'ils m'ont inculqués par leur exemple.

On prétend que la sagesse est le privilège de l'âge, mais je ne suis pas devenu sage pour autant, je trouve les gens sages ennuyeux, tristes, alors qu'on les imagine heureux. Il est vrai qu'avec les années, il est plus facile de relativiser les choses, les évènements, puisqu'on sait qu'ils sont en réalité, sous une forme ou sous une autre, un éternel recommencement. Lorsque j'ai découvert, fort tardivement, la philosophie des grands penseurs grecs, je n'ai pas eu de mal à me dire que nous n'avions rien inventé de mieux dans le domaine de la recherche du mieux-être, du mieux-vivre ensemble, en un mot que nos racines culturelles les plus profondes, les plus solides, remontent à la Grèce antique... Même réflexion concernant les écrits, datant de cinq cents ans avant Jésus-Christ, des sages, des Grands Initiés Bouddha, Confucius, Lao Tseu. Tous ont acquis et prônent une sagesse qui consiste à prendre du recul par rapport aux évènements de la vie et à en relativiser les faits. C'est en prenant conscience de ce que ça voulait dire que j'ai moi-même écrit : *Cela aussi passera! comme Première clef en franc-maçonnerie.*

Oui, l'âge peut être une très bonne chose s'il nous permet de voir le monde autrement, hors de toute emprise, celle du prisme sociétal comme celle des médias, lesquels semblent unanimement posséder la vérité et influent plus que jamais sur notre quotidien. Cette Vérité qu'ils pensent tous détenir, alors qu'il ne s'agit que de leur vérité, doit-elle être la nôtre ?...

Et maintenant, pour le plaisir, j'aimerais vous laisser sur cette anecdote qu'on prête à Socrate, et qui me plaît beaucoup :

Un jour quelqu'un vint trouver Socrate :

- *Tu sais ce qu'on raconte sur ton ami ?*

- *Attends ! dit Socrate, ce que tu veux me dire, passe-le d'abord à travers les trois filtres !*

- *Les trois filtres ?*

- *Oui, le premier est le filtre de la vérité. Ce que tu vas dire, est-ce que c'est vrai, l'as-tu vérifié ?*

- *Non, c'est juste ce que j'ai entendu dire...*

- *Passons au deuxième filtre ! Celui du bien. Souhaites-tu me dire quelque chose de bien sur cet ami ?*

- *Ah non ! au contraire, ton ami aurait très mal agi...*

- *Donc tu veux me dire du mal de mon ami sans être sûr que ce soit vrai. Voyons maintenant le troisième filtre, celui de l'utilité. Est-il vraiment utile que tu m'apprennes ce que mon ami aurait éventuellement fait ?*

- *Vraiment utile, non, je ne le crois pas...*

- *Alors, conclut Socrate, si ce que tu as à me raconter n'est ni vrai, ni bien, ni utile, pourquoi vouloir me le dire ? Moi, dans ces conditions je ne veux pas le savoir, et toi tu ferais mieux de l'oublier.*

Et enfin un grand merci à Christine Sauvagnac, Grand Maître de la G□L□C□S□ sans laquelle rien n'aurait été possible...

Une dernière réflexion avant de vous quitter.

Au point où nous en sommes dans nos rapports avec Notre pauvre vieille mère la Terre, comme disait de Gaulle, et dans un contexte où ce qui reste de notre civilisation se livre à nouveau à tous ses vieux démons du racisme et de la discorde généralisée, je suis de ceux qui croient, encore et toujours, au travail spirituel, seul capable de préserver l'avenir d'une humanité digne de ce nom. Et dans cet horizon de spiritualité, la franc-maçonnerie a plus que jamais l'ardente obligation de faire partie de cette élite, je dirais utile, qui n'est pas celle de l'argent.

La franc-maçonnerie a donc devant elle son avenir et des Devoirs. Mais en ces temps troublés où l'on s'agite sur la fausse question du genre, notre réponse à nous, GLCS, par la mixité dans la Tradition, représente un atout supplémentaire, nouveau, peut-être décisif. Oui, cet avenir – la Fraternité universelle en actes, au-delà des genres et des sexes, dans la Tradition – est en partie entre nos mains, et je le dis à nos Sœurs et nos Frères de la GLCS, soyons le levain de cette pâte !

Car d'ores et déjà nous en avons les moyens en termes de potentiel humain, avec des Sœurs et des Frères d'une exceptionnelle qualité. Je le répète, notre apport initiatique risque d'être déterminant. Et c'est enthousiasmant ! Je songe dès à présent à un nouvel ouvrage pour faire le point sur le sujet.

Une chose est sûre, l'aventure de la GLCS, Grande Loge des Cultures et de la Spiritualité, ne fait que commencer !

Printed in Great Britain
by Amazon

86988961R00150